人神共歡

中國三江源地區民俗文化

與三江源區性命相依的高山之族，會說話就會唱歌，會走路就會跳舞。在這片離天堂最近的雪域高原，豐富多彩的節慶就像一顆顆光彩奪目的珍珠，把一個個平凡的日子連接了起來。人們在神山下、聖湖濱和蒼茫草野上，排開節慶的盛典，掀起歡欣的波濤，盡情享受生命的歡樂和衆神慷慨的恩賜。

在三江源頭，在離天最近的地方，人神互爲溫暖，時而獨立，時而交融，但形影不離。這是一種愜意而神奇的生活，令人血脉賁張，激情澎湃。高大陸上的栖居者因此獲得了别樣的生命精彩，那片高峻的大陸，廣闊的山川，仿佛就是爲他們搭建的舞臺……

本卷描述了三江源地區民間民俗活動的特徵及其文化價值。民俗研究專家，中央美術學院教授、博士生導師喬曉光先生參編并撰寫序言，他感言：『鄭雲峰三十年的拍攝經歷給我們帶來了深刻的啓示：回到自然，回到生活，回到多民族鄉村的活態文化之中。一個人的行動一旦烙上了「信仰」二字，便會產生江河一樣頑强的能量。當幾千年古老的農耕文明正在轉型、流變、消失的時候，我們該如何去面對？鄭雲峰給了我們一個有希望的回答。』

出版發行：青島出版社
社　　址：青島市海爾路182號［266061］
本社網址：http://www.qdpub.com
郵購電話：13335059110 0532-68068816［傳真］0532-68068809

中國江河流域自然與人文遺產影像檔案

第【壹】部

三江源

本圖集在內容上全景式展示了三江源的歷史由來、地形地貌、山光水色、自然風物、民族習俗、信仰崇拜及人文藝術等方方面面，稱得上是一部沉甸甸的視覺檔案。在攝影的手法上，既是由衷的贊美與謳歌，也是忠實的記錄；在編排結構上，常常采用對比的方式，以呈現三江源近二十年負面變化的真實，具有批判與警醒的意義。

這樣一部巨型的攝影集，應是鄭雲峰辛苦一生的一次總結，同時也表達了他心中强烈的願望，即呼喚所有中華兒女——深愛母親河和保護母親河，爲了她的過去，也爲了民族的未來。

我有幸作爲這部攝影圖集的第一位讀者，情不自禁地想對鄭雲峰——這位當代中國罕見的自然人文的苦行僧深深道一句：謝謝！

馮驥才

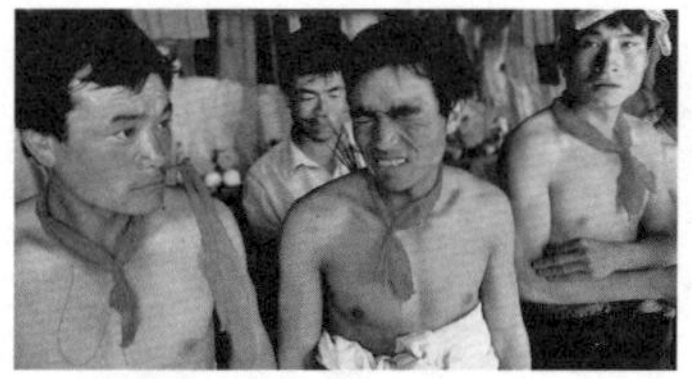

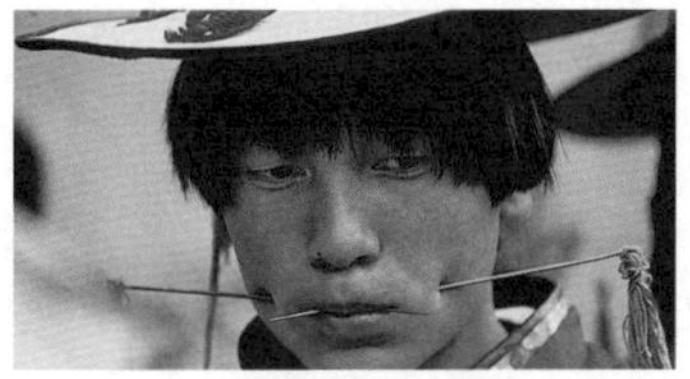

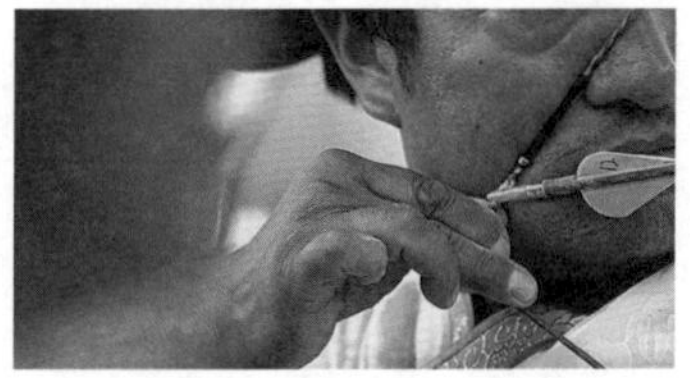

1982—2012

1982——2012

IMAGE FILES

OF

THE NATURAL

&

CULTURAL HERITAGES

OF

CHINA'S RIVER SOURCES

THE

FIRST

SERIES

SANJIANGYUAN

Compiler • *BAI Yu ZHENG Yunfeng*

Photographer • *ZHENG Yunfeng*

Text • *SONG Changyue LIU Shizhong FAN Ying*

Religious Ceremonies

*

Folk Cultures of Sanjiangyuan

中國
江河流域
自然與人文遺產
影像檔案

第【壹】部

三江源

人神共歡

中國
三江源地區
民俗文化

主編 • 白漁　鄭雲峰
攝影 • 鄭雲峰
撰文 • 宋長玥　劉士忠　樊穎

青岛出版社
QINGDAO
PUBLISHING HOUSE

序壹作者

_ 馮驥才

浙江寧波人，1942 年生於天津，中國當代著名作家和畫家。“文革”後崛起爲“傷痕文學運動”的代表作家，1985 年後以“文化反思小說”在中國文壇產生了深遠影響。他的作品題材廣泛，形
已出版各種作品集近百種。作品被譯成英、法、德、意、日、俄、荷、西、韓、越等 10 餘種文字，在海外出版各種譯本 40 種。

馮驥才兼爲畫家，出版過多種大型畫集，并在中國諸多大城市及奥地利、新加坡、日本、美國等國舉辦過個人畫展。他的畫作以中西貫通的繪畫技巧與含蓄深遠的文學意境，被評論界稱爲
文人畫的代表”。

馮驥才又是當代文化學者。近十年來，他投身於城市歷史文化保護和民間文化搶救，倡導并主持了中國民間文化遺產搶救工程，因而被評爲“（2003 年度）十大杰出文化人物”“（2005 年度）
國城市現代化進程十大人物”“（2008 年度）中國文化人物”“中國改革開放 30 年 30 名社會人物”“（2009 年度）中華文化人物”，并穫中共中央、國務院、中央軍委頒發的“全國抗震救灾模範

現任中國文學藝術界聯合會副主席，中國小說學會會長，中國民間文藝家協會主席，天津大學馮驥才文學藝術研究院院長、博士生導師，中國民主促進會中央副主席，全國政協常委，全國政協
學習委員會副主任，國務院參事，“國家非物質文化遺產名錄”評定工作領導小組副組長、專家委員會主任等職。

序・壹

一生都付母親河

馮驥才

▼ 壹

生命緣於水。

無論一棵小草還是一片森林，一隻螻蟻還是一個物種，一個村落還是一座城市，皆緣自於水和依賴於水。因之，大地上任何民族皆緣起和受惠於大江大河。當歷史學家和人類學家逆時序地上溯到一個民族的源頭時，最終一定會迷醉在一片無比壯美的高山峻嶺和冰天雪地之間的江河的源頭裏。

人類的源頭在江河的源頭裏；人類的歷史在江河的流淌中。一旦人類離開了這些江河就必然消亡，所以人們稱這些最本源的河流爲——母親河。

東方古老的中國，地勢西高東低，兩條巨龍般的長河自西天奔瀉而下，激涌般地穿過山河大地，東入大海，一路浸潤、滋養、恩澤了茫茫萬里中華大地上的生靈萬物。它們就是中華民族偉大的母親河——長江和黃河

中華民族感恩於賜予并養育自己生命的母親，但誰把這無限大的報恩之情及其使命交給了一位普普通通的攝影家，并叫他心甘情願地幾乎付出了一生，來表達一個民族的良心與心願？

▼ 貳

這位攝影家便是鄭雲峰。中等偏矮的個子，天生健壯的體魄，充沛的精力，這些都適合於他所痴迷的攝影專業。特別是他天性豪爽，富於激情，故而頭一次見到長江黃河，便與這奔騰咆哮的大地上的蒼一拍即合，成爲知心與知音。他最初與母親河結緣是上世紀中期，那年他四十歲罷。從那時起，他邊造小舟，入江心，搏巨浪，尋找母親河最爲動人心魄的姿容；一邊背着相機踽踽獨行，逆江而上，盡艱苦與危難，最終進入三江源——長江、黃河和瀾滄江的源頭。他不止一次講述他第一次進入三源的震撼，在那片三十多萬平方公里，人迹罕至的世界裏，一如天國莊嚴而瑰麗的聖地上，他被净化了於是他大徹大悟，到底是怎樣的天地和境界纔能創造人類與生靈？

他幾乎是用跪拜的姿態拍他當時眼前的一切。攝入他膠片暗盒中的第一組三江源的畫面，誕生一九八二年，隨後他更激情難捺地一次次奔往那裏。自費、徒步、高寒、缺氧、車禍、遇險、飢餓、

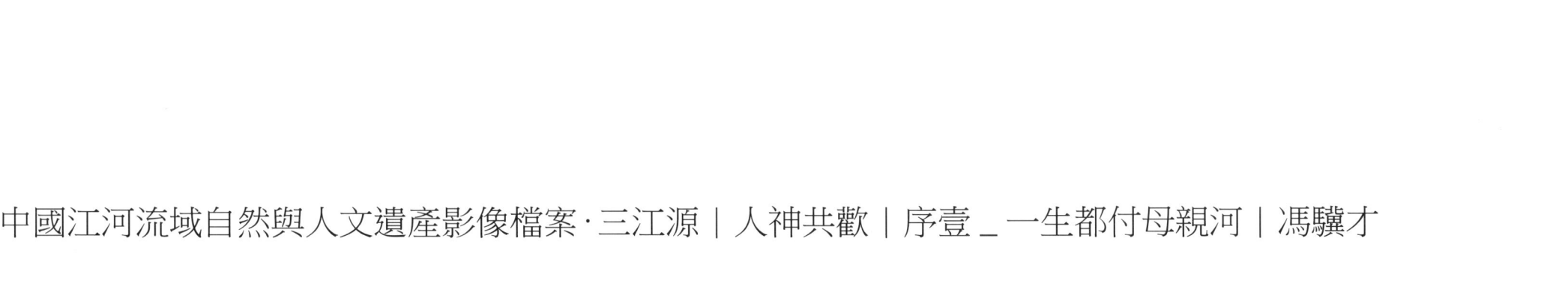

拍攝的三江源是：纖塵未染的藍天，奪目而通徹的陽光，崢嶸的雪山，玻璃般純凈的冰川與湖泊，海樣黑壓壓的森林，肥軟的草甸子間豐沛的清流，成群的珍禽與异獸，原住民天人合一的習俗和人文……

這一切都被他的長短鏡頭珍藏了下來。

他早期的作品更像是一首首頌歌：驚喜的，興奮的，激情的，明亮的。他要做的是把他在天國裏尋覓到的中華大地母親的模樣，告訴我們。

他做得既單純，又虔誠，又快樂。

▼

叁

然而，進入上世紀九十年代末葉及至本世紀，鄭雲峰眼前的天國變了。

他每一次千辛萬苦到那裏，惡化的現實都令他驚愕：冰川開始消融，綠草出現枯黃，湖水污染變色，沙漠氣勢洶洶擴張起來，這緣故除去全球變暖，更多來自人爲的破壞。隨着經濟開發熱潮而來的是淘金熱蟲草熱、伐木熱、開礦熱和獵殺魚鳥熱，這變化讓他感受到撕心裂肺般的疼痛。

然而，他沒有挎着相機掉頭而去，把絕望的現實扔在背後，相反他舉起相機把這一切真實地記錄下來他像當年不遺漏任何一處美一樣，如今他决不放過所有必須正視的現實的醜。

他進入了一個全新的攝影階段，從唯美的，激情的，情感的，變爲審醜的，冷峻的，理性的。用鏡頭實和批判現實的荒謬，同時警示世人關切——照此下去難逃的厄運與悲劇。

這一階段，他在長江的拍攝，也從對大自然的贊美轉向對即將逝去的山水的挽留。他十分清醒地爲長江水庫化的過程留下了視覺的檔案。

這樣，他本人便從一個理想主義者轉型爲一個批判現實主義者。

這一轉變出於一種文明的自覺和歷史的責任，因而使他的攝影內涵與價值變得非同尋常。一種嚴峻的調和痛苦的呼叫充溢在他的作品中，特別是將這些作品與他八十年代中期拍攝的三江源比較來看，常常使我感到一種震撼與痛楚。

▼

肆

二十世紀八十年代，由於攝影的迅速發展及普及，人類學者開始使用相機作爲田野調查的手段。直觀的視覺的現場記錄帶來的真切性、全息性以及特定的環境氛圍——這是傳統單一地使用文字來記錄所

然而，對於鄭雲峰來說，由於他在自己的母親河的攝影裏注入了記錄現實與記錄歷史的意義，他便更像一位生態學者和文化保護者，他的視角與鏡頭也更接近視覺人類學的理念。這就使他的攝影作品有了多種價值：除去攝影藝術本身的審美價值，還有見證價值、文獻價值与研究價值，而且涉及到生態、環境、民俗、遺產等諸多方面。此外，對於社會的文明進步則是一種呼喚、激發與推動。

▼ 伍

前不久見到鄭雲峰，我剛問道：『最近三江源情況怎麽樣，有改進還是更糟？』

誰想到他竟哭出聲來。

哭聲是回答，更像是控訴，控訴我們這一代的無知、野蠻與貪婪，也哭出一位真正知識分子與藝術家的心聲。

我在本文開篇時說，誰把這「對大地母親」無限大的報恩之情及其使命交給了一位普普通通的攝影家？其實沒有誰，完全出於他的自願與志願，出於良知與使命。可是爲甚麽如今我們的良知這麽少而偏偏使命又這麽重？

鄭雲峰今年七十二歲，依然孤自一人端着相機在母親河邊流連。他可以把一生付給了母親河，但他不可能永遠站在那裏。地球是不會完結的，人們還要一代代生存和繁衍下去，可是他的身後 —— 誰是來者？

▼ 陸

這裏，一家有眼光的出版機構 —— 青島出版集團從鄭雲峰先生三十年來拍攝三江源的二十餘萬幀作品中，摘取精要，分成十卷出版，取名《三江源》。本圖集在內容上全景式展示了三江源的歷史由來、地形地貌、山光水色、自然風物、民族習俗、信仰崇拜及人文藝術等方方面面，稱得上是一部沉甸甸的視覺檔案。在攝影的手法上，既是由衷的贊美與謳歌，也是忠實的記錄；在編排結構上，常常采用對比的方式，以呈現三江源近二十年負面變化的真實，具有批判與警醒的意義。

這樣一部巨型的攝影集，應是鄭雲峰辛苦一生的一次總結，同時也表達了他心中强烈的願望，即呼喚所有中華兒女 —— 深愛母親河和保護母親河，爲了她的過去，也爲了民族的未來。

我有幸作爲這部攝影圖集的第一位讀者，情不自禁地想對鄭雲峰 —— 這位當代中國罕見的自然人文的苦行僧深深道一句：謝謝！

序貳作者
_ 喬曉光

1957 年 7 月生於河北邢臺。1982 年畢業於河北師範大學藝術系中國畫專業，穫學士學位。1990 年畢業於中央美術學院民間美術系，穫碩士學位，留校任教至今，任教授、博士生導師。

現爲中央美術學院非物質文化遺產研究中心主任，院學術委員會委員，人文學院文化遺產學系副主任。擔任教育部藝術教育委員會委員，文化部國家非物質文化遺產評委，中國文聯全國委員會
享受國務院“政府特殊津貼”待遇，穫評中宣部全國“‘四個一批’人才”。2006 年穫中國民間文藝家協會與馮驥才民間文化基金會頒發的“‘民間文化守望者’提名獎”。2007 年被國家人事
化部授予“全國非物質文化遺產保護先進工作者”稱號。2011 年任中國民間文藝家協會副主席。

從 1986 年始，用近 20 年時間考察了黄河、長江流域民族民間藝術，關注民間習俗文化和中國鄉村社區非物質文化傳承現狀。2002 年 5 月，在中央美術學院創建國內首家非物質文化遺產研究
2003 年元月 1 日聯合北京相關高校策劃創立中國第一個文化遺產日 —— “青年文化遺產日”。

序·貳

綿延的文明·村莊裏的『活態文化』

喬曉光

歷史悠久、文化多樣的中華文明不僅僅是古史典籍中那些正史或軼聞，或是那些考古發掘出來的文物
遺址。源遠流長、綿延至今的中華文明還有一種『活』的文明形態，這就是中國多民族鄉村裏的『活態
文化傳統。這是一條由人民爲生存而守護的中華文明活的文脉，我們稱之爲『人民的文脉』。這條文
一直在生活的河流中承傳到今天。進入二十一世紀，是多民族鄉村的農民群體在守護着中華文明文化
樣的生存形態；是多民族鄉村的村社文化在傳承、記憶着古老文明綿延至今的文化傳統。村莊成爲古
農耕文明最後的栖身之地。

▼ 活態文化

文化，從廣義講泛指人類不同歷史發展時期精神與物質生產的總和，人類文化中包含着不同國家或民
地區產生的各種文明形態。狹義的文化指某一民族或社群認同的，以信仰爲核心價值的社會生活和精
價值傳統。

活態文化即指在一定自然生態中，具有民族性和地域文化信仰傳統內涵的社會生活形態和生存實體。
這裏，『活態』的概念包含兩層意義，一是從某個民族外部看，這是目前『存活』的文化形態；二是
這個民族內部看，這是一個文化內在核心精神信仰價值體系仍然『存活』着的文化傳統。

活態文化概念的提出［二〇〇三年］，首先是針對聯合國教科文組織非物質文化遺產概念及價值內涵
漢語語境的表述；同時也符合古老農耕文明背景下中國非物質文化傳統的社會存在事實。中國幾千年
延不斷的文明，以漢字爲核心形成的書寫傳統，極大地推動了中華文明的發展。漢字成爲公認的中華
明持久性核心因素。以漢字爲核心的書寫傳統，基本上是以儒教文明的文化信仰價值觀爲主流，但在
國漫長的歷史發展過程中，漁獵文明、草原文明、農耕文明等不同文明經歷的歷史文化期，都創造了
富多樣的文化類型。許多文化類型并不是儒教文化所能包含取代的，尤其是那些通過非文字方式口傳
授傳承的多民族非物質文化傳統。這些活態的文化傳統正是構成中華文明多元一體、文化多樣的重要
素之一。

中華民族世世代代的勞動人民傳承創造的活態文化傳統，代表了中華民族最具本土化和內生價值的文
特性。多民族傳承的活態文化傳統維繫了文明活的肌體特徵，傳遞延續了活的文明文化基因。所以，
瞭解多民族的農村，就不瞭解中國；不瞭解農民的生活，就不瞭解中國人的思維心理習性。因此，衹
中國農村的健康和諧發展，中華民族的復興纔能真正實現。

中國江河流域自然與人文遺產影像檔案·三江源｜人神共歡｜序貳＿綿延的文明·村莊裏的"活態文化"｜喬曉光

那些仍存活、綿延在不同民族鄉村的活態文化傳統，構成了今天中華文明活的文化形態。這些多民族村社文化傳統不僅包含着『歷史感』，也具有濃厚的地域生存的『當下性』。村社文化的內涵在文化時間意義上是複合和疊加的，所以村社文化既不是古文化形態也不是現代文化形態。不同民族村社文有其自身文化時間意義上的歸屬性，尤其是少數民族地區的村社文化表現出時間意義上更多元、更悠的文化疊層。正是在時間意義上的村社活態文化傳統，爲我們認知中華文明提供了可進入的活態實體間，提供了真正承載文化的生活形態與人，這是我們今天仍可用身心去認知體悟的『生命之書』。

無論是傳統農耕社會的古籍經典，還是今天學術研究的專著，文本常常并不對應於生活，知識中的文和生活中的文化是分離的。值得反思批判的是，以往主流文化中對民間文化的認知是缺失的，對村社統和農民的文化傳承是漠視的，這就使許多文明的事實成爲了紙上的文明，成了編著者的文明，而非際生活中的文明。我們已經習慣了從文字解讀文明，從精英文人和王朝更迭的進程中去解讀文明；我還不習慣從生活中認知文明，尤其不習慣從村社農民的生活中解讀文明，這是主流文化今天仍然沒有決的一個問題。

▼ 被忽視的村社文明

村社的含義有兩個，一是指傳統意義上的自然村落；二是指中國現代社會管理體制內的最基層的行村。村社是活態文化非物質文化傳統傳承的、最具普遍意義的社會最小單元，也是最基本的有文化模意義的文化承載實體。村社文化形態即鄉村農民的生存生活形態。在中國農耕文明歷史的發展中，村文化持久頑强地承載了不同民族文化多樣性的傳統。這些傳統并沒有隨着王朝的消亡與更迭而湮滅，沒有在不斷遷徙與漫長的村社傳承中被遺忘。不同民族的村社文化在守護着中華民族文化多樣性的活現實；不同民族的農民群體是文化傳承的主體。

在人類文明發展歷史中，城市與村落是兩種最具普遍性的聚落文化，兩者都是文化與文明的基本承載體。城市與村落互爲關聯依存，但各自功能不同，城市與鄉村保留着各自發展的文化方式。以村落爲體形成的村社文化，在漫長的農耕社會具有其合理的生存需求和必然性意義。村社文化不僅傳承延續族群的文化信仰傳統和生存方式，體現着本民族文化的初始特徵和本源文化基因，村社還遺存着族群老的文化記憶，積澱着不同歷史時期的文化印記。村社文化是民族文化發展史的重要組成部分；是古農耕文明活的文明形態；也是當今民族文化傳承發展不可忽視的社會實踐單元。

村社文明無論從文明的『創物志』，還是文化信仰的多元及文化方式的多樣性方面，在物質與精神方都創造了豐富多彩的文明歷史。今天，我們從許多民族活態的村社文化傳統中，依然可以看到遺存的富文化類型，如中國古代的四大發明在村社文化傳統中都有着對應的民間傳承，這是以往被我們忽略文明事實。

火藥的發明在村社裏仍保留着節日和民俗儀式中使用的烟花爆竹的手工製作傳統。這仍是今天約定俗的節日和民俗儀式中的聲像符號；是民衆節日文化心理上吉祥與驅邪意願的重要象徵。雕版印刷術的明

佛像印製等。這些通過雕版印刷的民間圖像，也成爲鄉村民衆節日與祭祀的重要手段和信仰象徵。雕版印刷的復製性使村社裏的文化傳統得以普及和流傳。民衆在不斷復製的民間文化圖像的啓蒙與熏陶下受着傳統的倫理教化，保留着對自然和神靈的敬畏。造紙術在村莊的傳承保持着原初造紙技藝的本方法，但不同民族村社的造紙選材則保持了就地取材的地域傳統。山西呂梁山村的桑皮紙和河北山的高麗紙，以及新疆維吾爾族鄉村的桑皮紙都是用桑樹皮爲材料造的紙；貴州苗族的『穀皮麻』取材於當地盛產的楮樹；雲南傣族的『白綿紙』也是用穀樹皮做原料，製作方法和漢代造紙術很相似四川德格的藏族用『瑞香狼毒』草的根鬚爲材料造紙。瑞香狼毒是一種含微毒的植物，這種紙防蟲蛀防鼠咬，能存放得很久。

桑皮紙在生活中的應用很廣泛，被用來抄寫東西或用作窗戶紙、包裝紙、剪紙等。在漫長的農耕時代鄉村習俗生活中，使用最廣泛、數量最多的是民俗儀式的用紙，如祭神祭祖、祭奠清明等節日。紙在俗儀式中是人們與神及祖先亡靈溝通的媒介，是情感的載體。紙通過焚燒，完成祭祀者心理的滿足。還用來印製經文、神像、年畫和紙馬，用來糊製立體的彩扎、燈籠、神龕等。其次，民間最普遍的紙用方式還有剪紙，在中國有二十多個民族有民俗剪紙的傳統。以多民族鄉村婦女爲傳承主體的剪紙統，在民間節日和婚喪習俗中發揮着重要作用，剪紙花樣還是許多民族服飾傳承的重要載體。紙在民有着自己非文字的，以圖形紋飾爲主體的，活的文明形態。

指南針的發明影響了古代天文、軍事、航海等多領域的事業發展。與指南針相關的羅盤的發明，極大地動了村社風水觀的普及和發展。可以說，農耕時代幾乎每個村莊都是在堪輿術的基礎上發展起來的。民追求風水觀的實現，是和農耕時代的村社生存價值觀聯繫在一起的。生存與繁衍是鄉村最本能也是最遍的價值選擇，人們風水觀的功利目的也正是爲了趨吉避邪、傳宗接代、光宗耀祖之類。堪輿術有其信的一面，也有古代地理學及古代陰陽五行學說的樸素科學成分。而實際上許多村莊的古老歷史超出我們的想象，許多有幾百年歷史的村莊有着自己漫長而又艱辛、複雜的營建過程。中國西南地區很多數民族的村莊，都是幾經遷徙，經歷了許多磨難纔在深山大河旁安居下來的。村莊的歷史代表了我們華民族最真切的生存史。村莊裏的活態文化和村落形態保持了中華文明最人本的文化底色和人性特徵也遺存着東亞農耕文明許多活態的文明類型。這已是二十一世紀幾千年古老農耕文明最後的回光返照

順乎自然『生長』起來的村莊，反映了自然與人居環境的和諧與關聯。多民族鄉村的村落形態蘊含着老『天人合一』的居住文化信仰。無論是陝北漢族的窑洞，西南苗族的吊脚樓，還是江西客家的圍屋福建的土樓，那些被麥田、稻田、山林和池塘簇擁着的村莊，是中國最天然、最樸素清新的『園林』源。這些大自然中幾百年裏生長起來的古老村莊，飽含着無數代人的辛勞勤儉和智慧，是最具人性魅和地域文化色彩的文明景觀。中國的村莊還沒有進入國家文化遺產的視野，這是今天亟待關注的一個迫的現實問題。實際上大量的原始村落已在現代化與城市化的强大力量中默默消失了……

▼ 高原村莊的『文明志』

青藏高原是世界最高的地方，也是最神奇的地方。說它神奇，不僅僅是因爲高原特有的自然景色令人往，高原上獨特、古樸、神祕的文明形態和區域的宗教生活更是讓人感動和難以忘懷。青藏高原已成

中國江河流域自然與人文遺產影像檔案·三江源｜人神共歡｜序貳_綿延的文明·村莊裏的"活態文化"｜喬曉光

三江源地處青藏高原的腹地，長江、黃河和瀾滄江三條大河從這裏出發，由涓涓細流匯集成哺育中華族的生命之河，成爲創造文明的文化之河。令人深思的是，三江源的河水流下去，大河兩岸的文明發了，尤其是近一百多年以來，長江、黃河和瀾滄江中下游地區的發展更是快速，發生了巨大的變化，作爲大河源頭的三江源地區却仍停留在相對古樸的文明形態。生存，在三條河的兩端形成了不同的文形態；生活，在三條河的上下游形成了對比鮮明的快與慢，拜金與崇神兩種截然不同的生活價值觀。然我們可以從客觀上分析高原生存環境的艱難和諸多自然生態條件的限制，但深層意義上的文化信仰生存價值與生活方式的選擇，却并不是單一自然因素的結果。應當說，不同文明在生存發展過程中自有其不同的生存價值選擇和倫理取嚮。青藏高原作爲『世界屋脊』的存在，以艱難而又祥和的生存和神的虔敬與谦卑態度，爲世界呈現了一個個樸素與神奇交織，人與自然渾然一體的生活場景。這是當人類現代化發展應該去對照的一面鏡子，從這鏡像裏我們反思，我們發現，我們懷疑，我們求索，這世界會好嗎？

三江源地區居住着許多民族，世居的藏民族占絕大多數，還有歷史上遷居而來的回族、撒拉族、蒙古族土族、漢族等。在面積三十多萬平方公里的三江源地區，這些民族世代而居，各自保持着自己的文化仰和習俗。面對相同的高海拔自然生態環境，各民族之間不僅在日常生產、生活方面有交流和影響，信仰方面也相互影響。藏傳佛教成爲這個區域一些民族接受、認同的宗教信仰，而將藏傳佛教作爲全宗教的藏民族更是表現出對佛陀和大自然谦卑至極的虔誠與敬畏。對佛陀的膜拜和祈禱成爲高原藏民活中的重要內容。其他民族也同樣保持着對神靈與自然的敬畏，保持着和信仰相關的節日習俗。敬畏爲青藏高原村莊裏支撑生存的精神力量和情感方式；敬畏也使樸素而艱辛的高原生活仿佛有了神的庇和恩澤，有了人與神的同歡共樂。

《人神共歡》這部反映三江源高原村莊民俗生活的影像檔案，以文化的大視野和敏鋭的藝術才情記錄高原多民族村莊活態的文化，爲我們展現了一部多彩的高原民俗畫卷。其中涉及到的一些民族節日及族藝術類型，有些已被申報成爲聯合國教科文組織世界非物質文化遺產或國家級非物質文化遺產，如經入選聯合國教科文組織『人類非物質文化遺產代表作名録』的《格薩爾》史詩、藏戲、熱貢藝術、兒、皮影戲等。三江源地區可以說是一個非物質文化傳統豐富、深厚的地方，也是一個民族文化藝術樣性保持得最本色的地區。許多民族的民俗文化形態就是該民族代表性的非物質文化傳統。

《人神共歡》中記録的民俗活動大都舉辦在大自然的田野中，這些民俗活動帶有濃鬱的民族色彩和高文化的獨特魅力。對自然和神靈的崇拜成爲高原民俗活動的信仰核心，許多民俗活動有着複雜的神靈系，如熱貢六月會中的神靈譜系。在高原民衆眼裏，六月會中的法師是溝通人間與神界的使者。由農裝扮的法師帶領着鄉民祭祀求禱，迎山神進村莊，祈願平安吉祥、人丁興旺，完成了角色使命。

許多民族的民俗活動保留着古老的敬神儀式，尤其是那些原始野性的祭祀儀式，像熱貢六月會中的插釺、插背釺、開紅山等。這些古樸野性的儀式把人們帶進一個神聖而又洪荒的世界。高原民族的節日是一個民族藝術的盛會，藝術的方式成爲人神共歡的主體方式。在這裏，藝術不是爲了藝術而存在，爲生存信仰，爲獲取神靈的愉悦和恩賜而存在，所以鄉民們會把全部身心的才能和藝術熱情表演給神。像草原上的賽馬節、賽牛節、那達慕、插箭節、達頓節、藏戲，以及土族的跳於菟，漢族的皮影戲高原上傳唱千年的藏族史詩《格薩爾》，還有熱貢六月會裏的各類舞蹈等。高原民俗節日中保持了多型的民族文化共生一體的特徵，所以，在節日中我們能看到藝術類的舞蹈、節日盛裝、戲劇面具，

等活動。高原文化中，千百年習俗錘煉出的爲了生存和娛神的藝術，成爲許多民族成員的生活本能，也正是在本能和神靈相遇的時間，藝術綻放出了美妙的人性之光。

三十多年來，《人神共歡》的攝影作者鄭雲峰以人類學中田野考察的參與式、追踪式的動態方法，懷着高度的保護民族文化的使命和充沛的文化熱情，用雙脚踏遍了三江源地區，比較完整地拍攝記錄了三江源地區多民族代表性的民俗節日，這是史無前例的。實際上鄭雲峰三十多年對長江黄河持續不斷的田野式拍攝記錄，爲我們呈現了這個國家宏大寬闊的活態文化視覺圖像世界。由此，鄭雲峰成爲一個拿着相機爲人民活態文化之河樹碑立傳的攝影家。

三江源流淌的是自然之河，是文明之河，也是民族文化的生命之河。在今天這樣一個文化遺産時代，急民族鄉村的活態文化并没有得到應有的關注，我們還没有從一個文明的高度來認識鄉村和農民爲文明的傳承所作的文化貢獻。鄭雲峰三十年的拍攝經歷給我們帶來了深刻的啓示：回到自然，回到生活，回到多民族鄉村的活態文化之中。一個人的行動一旦烙上了『信仰』二字，便會産生江河一樣頑强的能量當幾千年古老的農耕文明正在轉型、流變、消失的時候，我們該如何去面對？

鄭雲峰給了我們一個有希望的回答。

二〇一二年十月

信仰的力量

穆斯林的節日：朝覲聖地的虔誠身影

佑寧寺觀經：通嚮信仰之路

於菟舞：巫風楚韵

※【伍】※章

河湟古風

納頓節：世界上時間最長的狂歡節

河湟社火：追憶與感恩

梆梆會：呼喚神佑的鼓聲

九曲黄河燈：遺落人間的天上銀河

※【陸】※章

高原之韵

皮影：毛驢馱來的戲劇

藏戲：草原上的『阿吉拉姆』

《格薩爾王》：英雄的史詩

目・錄

引・子

與三江源性命相依的高山之族，會說話就會唱歌，會走路就會跳舞在這片離蒼天最近的雪域高原，豐富多彩的節慶就像一串串光彩奪目的珍珠，把一個個普通的日子連接了起來。人們在神山下、聖湖濱和蒼茫的草野上，排開節慶的盛典，掀起歡欣的波濤，盡情享受

中國江河流域自然與人文遺產影像檔案·三江源 | 人神共歡 | 壹_熱貢六月會 | 攝影_鄭雲峰 | 拍攝年代_1982-2012

第※【壹】※章

熱貢六月會

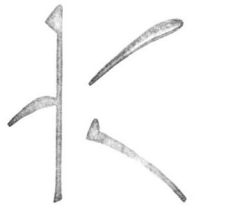

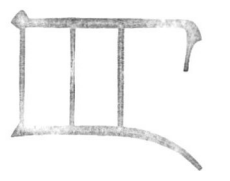

燕貢六月會

第※【壹】※章

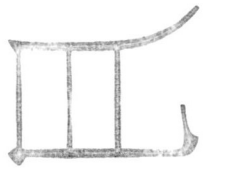

▼ 儀式：人與神的交會

熱貢位於青海省黃南州同仁縣境內，六月會是熱貢地區最盛大的民間節日。

正是高原一年中最好的季節，黃河滋養的熱貢谷地，四處傳來收穫的訊息。人們似乎感到，豐收離不衆神的佑護，於是在收割前夕，一場以村莊爲單位舉行的祭神、娛神的慶典便隆重開啓了。農曆六十七日，鑼鼓在四合吉村率先敲響。隨後的十天裏，喧騰的鼓聲將自東向西，沿隆務河兩岸，傳遍方十多公里內的二十多個藏族和土族村莊。

作爲黃河南支流域歷史最悠久，範圍最廣，參與人員最多的群衆性節日，六月會彌漫着濃厚的宗教文氣息。在狂放而神秘的儀式中，苯教、薩滿教等原始宗教遺風與藏傳佛教交織在一起，呈現出一種濃烈獨特的節日風格。狂歡的舞者們仿佛來自另一個世界——男子頭戴白色或紅色高筒氈帽，配着藏刀女子身着色彩艷麗的藏袍，綴以各色寶石。

六月的祭禮是人神共赴的盛會，邀神的儀式自然隆重。人們認爲，負責把神界和人間連通起來的是法師法師一般都是普通的農民或熱貢藝術師，而非藏傳佛教裏的神職人員。在六月會期間，他『化身』爲地護法神，人們認爲他可以『通神』。法師雖不是膜拜的對象，但威望很高——在祭禮中，他是主持人在儺舞中，他是領舞者。

六月會的祭祀活動圍繞着山神進行。本村本土的保護神當然在主賓席，此外，安多地區的重要山神也『恭迎』進村，接受大家的拜謝和奉祀。被人們迎請的山神主要有二郎神、阿尼瑪卿山神、阿朱年欽神、夏瓊山神、德合隆山神、達爾加山神、拉日山神、龍神等等傳說中的神祇。除了山神，各村祭祀供奉的保護神還有很多，如格薩爾、尕斯棟將軍、關雲長、文昌帝君、送子娘娘以及羊面神、吳山馬祖渾身長眼睛的惹阿神等等傳說中的神祇。

熱貢地區傳說中的神祇，有的與民族融合、文化交流相關，比如在藏族和土族人民心中地位很高的郎神，他已經不是某一尊神的專指，而是秦代李冰之子——李二郎，隋代趙昱——趙二郎，印度神沙門天王的次子——獨健，《西游記》和《封神演義》中的二郎神——楊戩等多個『二郎』的綜合體有的神祇和古代戰爭有關，比如達爾加山神，他所居住的達爾加山是吐蕃贊普熱巴巾時期吐蕃軍隊唐軍對峙和進行拉鋸戰的地方。同仁地區雖處於軍事要衝而未受到戰爭大洗劫，據說就歸功於此神的護……這些來路龐雜的神仙，高踞於廟堂之上接受人們的頂禮膜拜，熱貢地區的民族生活與精神世界由此呈現出豐富多彩的面貌。

人神共歡是六月會的精髓所在，而請神儀式則是六月會前期最精彩的內容。

清晨，在裊裊的桑烟裏，英武的請神隊伍向神靈發出了莊重的邀請。法師帶領旗手、鑼鼓手及高擎山像的男性舞蹈者，從本村神廟出發，沿着山路蜿蜒而行。上百人的隊伍一邊敲鑼打鼓，一邊高聲呼喚靈的名字，走向『拉則』[1]，舉行插箭、煨桑等儀式。爾後，衆人圍着拉則順時針方嚮轉圈獻舞，拜四方，迎請諸神歆享人間歡樂。與此同時，有人放飛祈願幸福平安的『隆達』[2]，隨着升騰的桑烟

中國江河流域自然與人文遺產影像檔案·三江源 | 人神共歡 | 壹_熱貢六月會 | 攝影_鄭雲峰 | 拍攝年代_1982-2012

請神之後，兩個重要的儀式便是『白祭』和驅邪了。

作爲六月會的一大特色，白祭就是用五穀雜糧、白酒、哈達、彩綢等作爲供品來祭祀神靈。

吐蕃早期，人們祭祀神靈時有用活羊獻祭的習俗，他們取出羊心獻給神靈，將其餘部分燒掉。如今同仁地區的浪加村仍然保留着這種祭祀方式。由於佛教教義嚴格禁止殺生，現在許多村莊的獻祭內容已經有所改變，比如郭麻日村改獻『神羊』——村民們送出一隻白綿羊，法師誦經後，將一桶涼水潑在羊頭上，羊渾身顫抖，即表示神已享用了這一供品，之後將羊放開，獻羊儀式便宣告結束。從此，這隻羊便成了『神羊』，衹能任其自生自滅，任何人都不能鞭打或宰殺它。蘇合日村則用糌粑、酥油等製成色彩鮮豔、栩栩如生的『神羊』，以替代活羊，經過一系列的宗教儀式後，最終將其在桑堆中焚燒淨盡。

驅邪儀式耗時持久。法師在廟堂諸神神位前誦經之後，帶領四名抬神轎的轎夫、旗手和舞蹈者挨家走訪『驅邪降魔』。因神的『光臨』而歡天喜地的人們，將琳琅滿目的供品敬獻在供桌上，煨起桑烟，燃放鞭炮，全家男女老少整裝迎候法師的到來。

神聖的儀式和世俗的情感，在這個盛大的民間節日中得到完美結合。

▼ 舞蹈：巫風與歷史的融合

六月會自始至終貫穿着歌舞表演，人們以舞娛神、娛己、娛人。舞蹈規模之大，人數之多，時間之長，體系之完整規範，在中國現存的民間舞蹈中十分罕見。

『拉什則』『莫合則』和『勒什則』這三種舞蹈是六月會必演的節目，也是熱貢地區非物質文化遺產的重要載體。

拉什則即神舞，俗稱『龍鼓舞』，由於舞者均手持『拉鍔』〔即神鼓〕，又稱『神鼓舞』。拉什則曾廣泛流傳於青海安多藏區，尤其在貴德、化隆、循化和黃南地區最爲盛行。二十世紀五十年代以後，其他地區的神舞逐漸式微甚至消失，而熱貢地區的神舞不僅完整地保存了下來，且不斷發展并形成了自己的舞蹈體系。

傳統的拉什則衹限十三名青壯男子表演，所扮演的角色是十三位戰神。但如今，熱貢地區的一些村寨在十三名男子表演完後，還會挑選十三名嫵媚的姑娘扮演王母娘娘和十二位地母神。她們雙手托着貢品或哈達，輕歌曼舞之後，將供品敬獻給扮演十三位戰神的男子。

如此安排，緣於一段傳說：混沌初開時，藍海上聳起須彌山，山上長着一株如意菩提大樹，上頂三十三層天，根扎在阿修羅之地。修羅王爲了奪取菩提樹，與天神征戰不休。玉皇大帝派金剛手菩薩助戰，金剛手又邀來十三位戰神，終於打敗了修羅王。玉帝舉行祝捷會，讓西王母和十二位仙女跳十三個舞蹈慰問十三位戰神。後來，戰神中的犬敵神傳世人間，將西王母等仙女所跳的十三個舞蹈傳到了同仁。所

中國江河流域自然與人文遺產影像檔案·三江源｜人神共歡｜壹_熱貢六月會｜攝影_鄭雲峰｜拍攝年代_1982-2012

拉什則由迎神舞、海螺形舞、如意寶舞、大鵬舞、黑馬絆舞、旋風舞、白雕展翅舞、白馬騰躍舞、環有舞、獨舞、贊神舞等十三個舞蹈組成。雖然僅憑一鑼一鼓敲打變換節奏，舞蹈語言却十分豐富。

軍舞，藏語叫『莫合則』，意爲軍隊跳的舞蹈，其緣起與古代戰爭及熱貢地區敬奉的二郎神有關。

六月會上跳軍舞的村寨十分普遍，尤以郭麻日、尕撒日兩個土族村莊最具代表性。莫合則模仿古代軍事活動，通過調動舞隊，走出『核項妥交』［十三圈］，『沙恰果交』［分地］，『妥守交』［行軍］，『藝得交』［拜神］等隊形來表現古代軍事征戰的群體記憶。每跳完一種，舞者都要從場院跳進神廟，感謝神的庇護，并請神靈賜予勇士們戰勝敵人的力量。

備受戰亂之苦的民族更懂得珍惜和平。威武、雄壯的軍舞既是歷史上同仁地區唐蕃軍事活動的再現，也表達了各族人民嚮往幸福生活，祈求世界和平的美好願望。

勒什則即龍舞，是祭祀龍神的舞蹈。熱貢地區有二十多個村莊，年年都爲龍神獻舞。龍舞的跳法，各村雖大同小异，但又各具特色，其中以浪加村最爲典型。總體而言，龍舞包括請神、立龍杆、拜龍神、退咒天敵妖魔、生殖求子、龍女獻擺、醜神下聘、請觀音、踩高蹺、鴻雁祝福、伏虎除孽等十三種跳法可謂繁複。

傳說勒什則產生於四百多年前。時逢大旱，村民們修渠引水失敗，大家認爲是龍神不悅，於是浪加村的老人阿尼拉果帶領村裏的童男童女在農曆六月二十日這天來到泉邊，爲潛居水中的青龍唱贊歌、念頌詞跳舞、上香焚紙，祈求龍神讓泉水順利流入水渠，澆灌莊稼。

從傳說中可以看出，勒什則是高原農耕文化的產物。

勒什則的舞隊由百餘名青壯男子組成，舞隊前七人爲領舞者，每人左手拿一木雕面具，分別代表龍、蛇青蛙與人，右手持一把繫着綢帶的小神斧，其餘舞者祇是右手持小神斧［一說用作祈龍降水，一說是用作底撈寶］。舞隊按順時針方嚮走出蜿蜒連綿的隊形，模擬巨龍翻滚的壯觀氣勢和威武姿態；動作以連續腿跳進，屈腿彎腰和身體的左右抖動、旋轉爲主。表現藏族群衆對龍的期盼、崇拜以及歡樂激動的心情

農曆六月二十五日，在一群未婚姑娘裊裊婷婷的舞姿和兩個大漢威武雄健的舞蹈中，六月儺舞落下帷幕

巫風就是舞風，祭壇就是舞壇。無論是勇武灑脫的拉什則，還是輕盈奔放的勒什則，抑或威猛驃悍的合則，每一種舞蹈都是給神祇的獻祭。當一群人用同一種肢體語言，整齊劃一地表達對神靈的敬仰和求時，他們無疑是虔誠的，而觀者祇能在震撼中感嘆信仰的力量。

▼ 血祭：狂野的獻祭

『插口扦』『插背扦』和『開紅山』是熱貢六月會中最令人驚愕的祭神活動，它們保留了許多原始

中國江河流域自然與人文遺產影像檔案·三江源 | 人神共歡 | 壹_熱貢六月會 | 攝影_鄭雲峰 | 拍攝年代_1982-2012

山』『撈油鍋』等相似。意在展現神威、效力。當地人認爲，這些儀式更能顯示獻祭者對神的虔誠無私
企圖謀求神靈的歡心，使神祇降福護佑，消灾免禍。

在插釺獻舞之前，所有要求插釺的人都要到神廟內祭拜諸神。法師誦經祈禱之後，將長約十五厘米的
根鐵釺［也有插四支釺的］迅速插入祈求者兩腮。據老人們說，插兩支釺等於向神祇獻祭兩隻山羊。

插好口釺的舞蹈者依次從廟內走向廣場，爲神獻舞。

插背釺的舞蹈者略有不同——舞者多爲中年男子，赤裸上身，由長者爲其插釺。插好背釺的舞者將藏
袍與襯衣纏於腰間，左手拿着羊皮鼓，右手執鼓槌，伴隨着鼓點的節奏舞入廣場。此刻，虔誠的人們面
帶微笑，沒有一絲痛苦的表情。

與插釺相比，更使人驚心動魄的祭神方式便是『開紅山』了。在舞蹈的過程中，幾個小夥子搬來一根
杆，衹見法師爬到杆上，將長髮在脖子上繞幾圈，毅然拔出利刃，迅疾向自己的腦門上猛砍數下。霎時
鮮血噴濺，染紅了法師的白襯衣和木杆下小夥子們的衣裳。下杆後，法師更加癲狂，圍着煨桑臺跳舞
舞姿非常狂野。

人們相信，鮮血是生命之源，衹有用最珍貴的東西祭祀神靈，纔能表達內心的虔誠，也纔能取悅神靈
如果不瞭解這一方大地的精神世界，外地人斷不能理解六月會的精神內質。

狂舞、血祭在繼續。在江源明亮、刺目的陽光下，一種深深的震撼直抵觀者心扉。

儀式活動臨近尾聲，全體村民端着供品，整齊地排列在廟前的場院裏。他們面嚮廟宇，等法師誦經完畢
次第登上廟門前的煨桑臺，將青稞酒、酸奶等各種食品投向煨桑臺，焚燒殆盡。

裊裊桑烟之中，六月會宣告結束。

六月會是熱貢大地上人神共歡的大劇。這劇場的遠景是藍天白雲、山川河流；近景是深入宗教氛圍的村
莊、寺廟；主角是『神靈』和全體村民。無須劇本，也無須導演，所有情節記憶如同熱血一般，世代流
淌在高原族群的體內。

*①『拉則』係藏語音譯，藏傳佛教傳入蒙古族地區後，蒙古語將其意譯爲『包』［亦譯『敖包』『鄂博』］。拉則是藏區山
山坡、山尖、邊界等處用石、土、骨等物砌的堆，其上插有長竹竿、長箭、長木棍、長矛，還綴有經幡。關於拉則的起源
多種說法：一說爲松贊干布在其宮殿頂插箭爲飾，後來百姓沿襲成俗；一說認爲拉則係原始部落軍隊遠征他鄉，爲不走錯
而以箭爲路標，後來成爲代表戰死沙場的勇士之靈的標志，據說有護己制敵的作用，進而演變爲崇奉神靈的儀式，即拉則。

*②『隆達』，漢語謂之風馬。是一種用紙或者其他材料製作的卡片，上面繪有四方形圖案，圖案正中是一匹生着翅羽，

六月會之初，同仁各村莊的藏族、土族民衆打着多種彩旗，舉行祭神儀式。

1985.7

六月會舉行的日期在每年農曆六月中旬，此時隆務河兩岸的莊稼即將成熟，豐收在望。

在村廟祭神之後，人們要用神轎抬着各村崇奉的山神靈位，由法師率領着到各家作法，以求驅邪消灾。

1989.7

法師是六月會上最重要的角色，其行爲顯然帶有原始宗教的痕迹。人們相信，法師是可以“通神”的。

六月會的最後一道程序，是規模盛大的公祭。

琳琅滿目的供品在裊裊桑烟中燃燒，人們認爲，這意味着衆神欣然接受了供奉，將爲人們帶來福佑和庇護。

2005.7

六月會上用於請神的神轎。四合吉村的神轎裏“坐着”二郎神。

六月會上的一個重要環節是牲祭 —— 把羊獻給諸神。現在許多村莊已不再使用活羊，而是改爲糌粑製作的“神羊”。人們用木柴將糌粑“神羊”環繞起來，在法師的帶領下，將酒或酸奶灑在“神羊”身上，準备點燃。

“神羊”點燃的時候，儀式達到了高潮，人們紛紛雀躍高呼，并將風馬拋於空中。

"龍舞"是四合吉村男女老少共同參與的群舞。舞蹈動作緩慢、莊重，整個舞隊猶如一條游動的長龍。

六月會上的舞蹈是一種巫儺并存，而且充分展現生命力的祭祀舞蹈。在舞蹈中，繪有蒼龍、寶傘、金輪等八寶祥徽的羊皮鼓是重要道具之一。

參加熱貢六月會的女子必須是未婚少女。這些女子手捧哈達，排成長隊，舉手投足間盡顯莊重虔誠。

"軍舞"是一種凸顯男性陽剛之美的舞蹈，隱含着豐富的歷史文化信息，其緣起很可能與古代戰爭有關。

法師在藏語中稱爲“拉哇”，意爲通神之人、巫師，他們是整個六月會的核心，充當着領祭人的角色，因而地位很高。

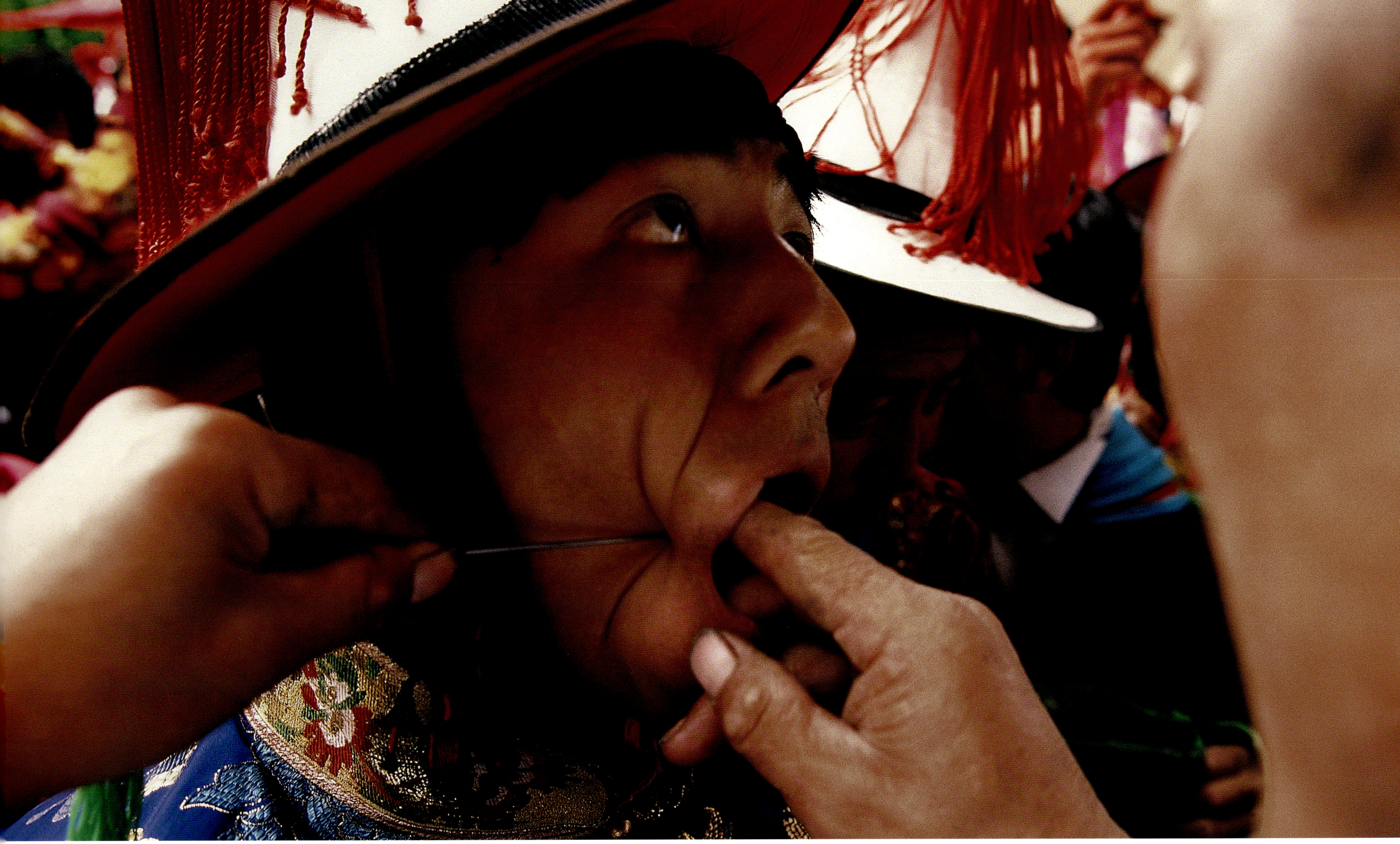

插口釺與插背釺一樣，都具有强烈的儀式性。鋼釺消毒後，從一側腮部插入，自口中伸出。

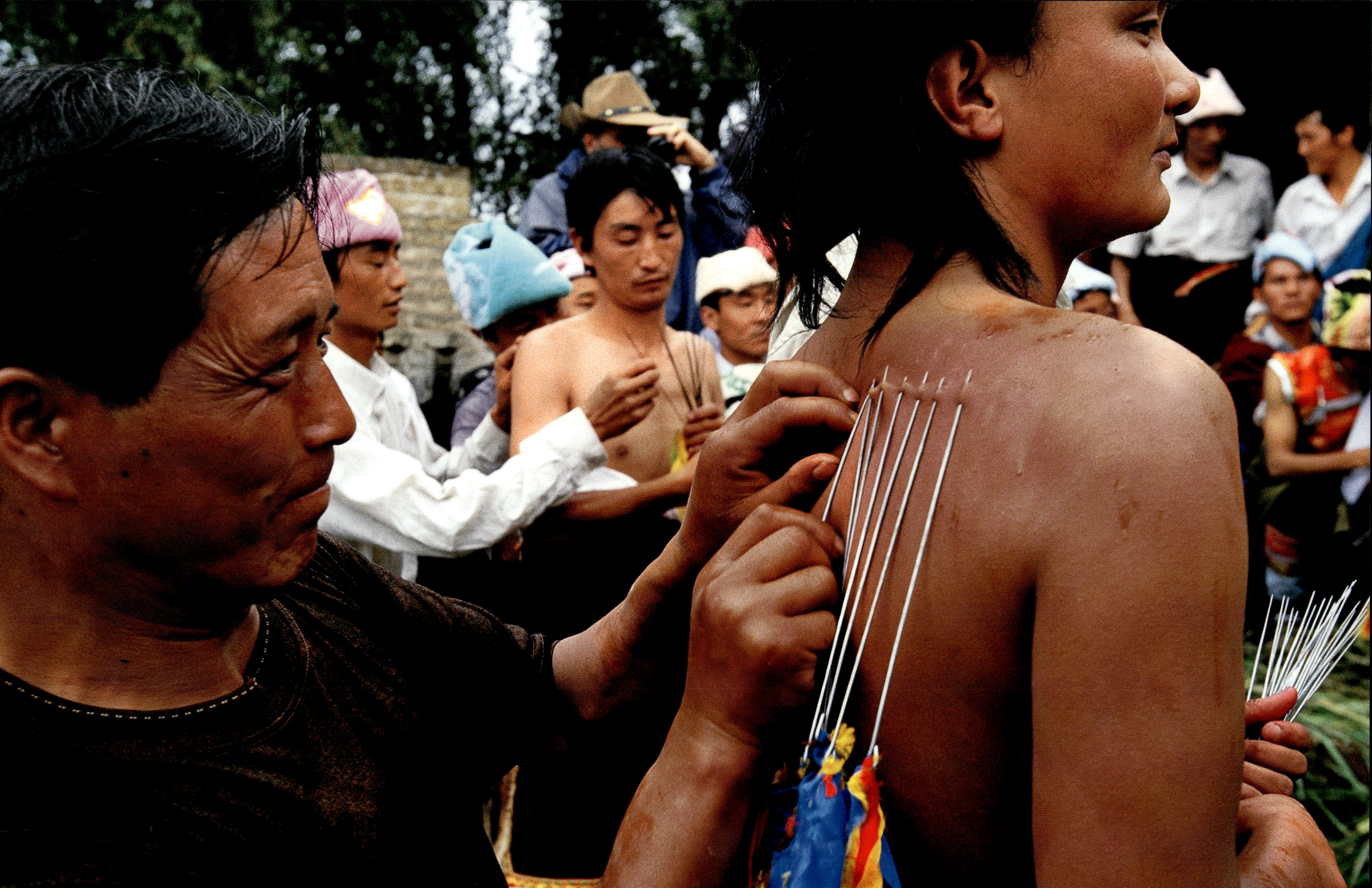

一般而言，插口釬和插背釬的行爲都在村廟中完成。如法師“開紅山”一樣，插口釬與插背釬也隱含着古代血祭的遺風。

一個插口釺的男子，手持龍紋羊皮鼓，隨着鑼鑼的鼓點，加入祭祀眾神的舞隊之中，六月會也在此時逐漸進入一個高潮。

中國江河流域自然與人文遺產影像檔案・三江源 | 人神共歡 | 貳 _ 草原上的盛會 | 攝影 _ 鄭雲峰 | 拍攝年代 _1982–2012

▼ 賽馬節：馬背上的激情

從遙遠的年代開始，江源地區的人們即『以射獵爲事』。騎馬、射箭、摔跤成爲人們生產、生活中不或缺的基本技能。這種具有民族特色的體育活動沿襲成俗，世代不衰。

江源民族對馬的情感醇釅而濃烈。牧民出門，從不以里計路程，而是說『尼瑪結格勒姆、額魯結格勒「一天、半天的路程」。這一天、半天也就是馬的行程。在寂寥廣闊的草原上，到處都留下牧人與駿相伴而行的身影，在牧人的成長故事中，都會有與馬有關的、銘心刻骨的故事。

賽馬節上，當騎手縱馬揚鞭、禦風疾行之時，他即化身爲人們眼中的英雄。

清晨，祭祀神靈的桑烟裊裊升起，吉祥的螺號響徹草原，彩色的經幡隨着人馬的歡騰獵獵作響。身着代戎裝的騎手們騎馬背槍，一見桑烟冲天，便衝向前去，圍繞桑堆順時針繞三圈，祈求神靈保佑自己得勝利。煨桑儀式既是古老習俗的沿襲，又是賽馬活動的開場儀式；既有祈禱的含義，又有宣誓的成

賽馬的場面極爲驚險——在奔馳的駿馬上，騎手或端槍射靶，或穩穩倒立於馬背之上，或懸馬墜地比賽時，騎手頭上圍插着一排冒着烟的火繩，口中銜着兩排裝填火藥的紙筒。騎手一邊策馬飛奔，一取下一個紙筒，將火藥從槍口裝填入槍內；然後從頭上拔下一根火繩，點燃槍內火藥。祇見槍口處火一閃，裝火藥的紙筒飛上了天空。騎技高超的騎手，不僅能準確地完成規定動作，還能不落俗套、藝膽大地從坐騎脖子下探出槍來擊中靶位。如果騎手動作遲鈍、姿勢滑稽，或者跑出射程却無法射靶以出現啞火、脱靶等現象，身後便會傳來一片起哄的聲浪。

賽馬節是高原上歡騰的日子。牧民們帶着帳篷，身着艷麗的民族服裝，佩戴着各自最珍視的珠寶飾物，路踏歌而來。人們通過賽馬會娛樂身心，歡慶豐收，顯示年輕人的勇敢與剽悍，同時祭祀大地和雪山神祇。賽馬節也是一個愛情的歡會。賽馬會上，小夥子們結伴牽馬而行，誰都想一試身手續寫英雄格爾賽馬稱王的傳奇；姑娘們則三五成群，一邊談笑風生，一邊暗中尋找心目中的英雄……

賽馬，賽的是勇敢和騎藝，更是榮譽。當你感受過這裏駿馬奔騰的情景，目睹了草原騎士的風采，便明瞭那份屬於江源地區人們的激情。

▼ 賽牛節：牧人的歡樂時光

犛牛被譽爲『高原之舟』，牧人對它的喜愛，甚至超過了愛自己。牛背上不僅背負着瑣碎的生活，也載着草原上的歡欣歲月。

牧人的日子，在賽牛的節日，驟然熱烈起來。

中國江河流域自然與人文遺產影像檔案・三江源 | 人神共歡 | 貳_草原上的盛會 | 攝影_鄭雲峰 | 拍攝年代_1982-2012

巴上扎着布花，背上則綁着名貴的褥子。騎手們身着氆氌褐衫或水獺皮鑲邊的皮襖，頭戴狐皮帽，腳高腰靴，胸前佩寶刀，手中握短鞭，袒露右臂。一碗青稞酒下肚，騎手們跨上牦牛，握緊繮繩，等待令。鑼聲一響，在騎手們的呼喝聲中，牦牛們昂首怒目向前馳去。觀衆的歡呼聲，騎手的吼叫聲、揚聲和牛蹄的踏地聲交織在一起，聲如雷動。當優勝者到達終點時，親友們爭先恐後獻上哈達和美酒。的牦牛怯場，不管騎手如何驅策都無濟於事，趔趄不前；有的跑至中途，忽然掉頭往回跑；有的迷失嚮衝向觀衆，引來一片驚呼。

賽牛節上還有一種十分有趣的競技項目——倒立牛背吃酸奶，藏語叫『乾果雪檔』。騎手先騎在牛鞍上待一聲令下，即倒立於牛背吃酸奶。技術高的自然可以吃到，技術不過硬者不僅吃不到，還會弄得腦袋脖子上都是酸奶，引得衆人捧腹大笑。

江源地區的民族雖身處高寒地帶，却樂觀豁達，這樣的性情，在賽牛場上得以淋漓盡致地體現。

▼ 那達慕：重溫光榮歲月

它與戰爭有關。

這個在草原上有着八百多年歷史的節日，原是成吉思汗檢閱部隊的閱兵式。揮舞軍刀，從鮮血中蹚出條生路的蒙古士兵們，接受統帥的檢閱後，在一碗碗美酒裏享受着大汗的犒賞。如此莊重的儀式，如此闊大的空間，展示着一代天驕的雄心和抱負。也唯有胸懷天下、目空一切的鐵木真，纔有氣魄將整個草原視爲閱兵場。

它與收穫有關。

每年農曆七八月間，那達慕就像草原上的一朵奇瑰之花，在藍天白雲下徐徐綻開，草地上一頂頂『怒放的蒙古包，將它點綴得分外妖嬈。正是秋高氣爽、牛羊肥壯的時節，牧人們望着膘肥體壯的牛羊，滿喜悅。這也暗合了那達慕的本意：給草原帶來娛樂及豐收的喜悅。

青海的那達慕，還與祭海有關。

青海湖史稱『西海』，數億年的地質運動，在青藏高原締造了青海湖這個奇迹。在環湖民族的心中，青海湖是神靈的居所，從唐代開始，不但民間祭祀頻繁，朝廷也經常派員致祭。這項活動後來在清代便成了固定的官方儀式。祭海之後，草原的子民們便開始賽馬、摔跤、射箭等活動，縱情歡娛。

那達慕的歷史，像歷盡滄桑的羊皮經卷，逐漸褪去了原來的色彩，嬗變爲草原上的狂歡節。它是傳遞族記憶的一種方式，賽馬、摔跤、射箭……無一不在重溫成吉思汗子孫們金戈鐵馬的歲月。至於摔跤手的排名：『巨人』『雄獅』『雄鷹』，絕非馬背民族在和平年代的隨意稱謂，而是古代浴血疆場的勇士們的榮譽稱號。那達慕所追尋和回憶的，是草原上曾經的榮光。

賽馬節上不僅僅要賽馬，還要舉行各種大型歌舞以及物資交流活動。人們身着節日盛裝，載歌載舞。

玉樹州稱多草原賽馬節上，率先入場的往往是喇嘛組成的儀仗隊。悠揚深沉的長號聲響起，會場進入一種莊嚴肅穆的氛圍。

青海省共和縣倒淌河鄉的賽馬節上，一場獨具特色的拔河比賽正在進行。

EANS FASHION

青海省果洛藏族自治州甘德縣的賽馬節上，馬背上的騎手們圍着桑堆順時針繞 3 圈，同時拋灑風馬，祈求神靈保佑。

馬是藏族人民日常生活中最親密的夥伴，是牧人的第二生命，所以，賽馬節上不僅人要裝扮一新，馬也是如此。

2008.7

果洛賽馬節上的賽牦牛項目。由於牦牛平時缺少訓練，比賽時很少遵守規則，有的牦牛比賽一開始便亂了陣脚，橫衝直撞，甚至跑向觀衆席。在人們的歡呼聲和驚叫聲中，賽牦牛的樂趣便包含其中了。

賽馬節是藏族的狂歡節，人們用熱烈的舞蹈表達內心的喜悅和虔敬。

賽駱駝具有强烈的趣味性。駱駝平時都是被人牽着鼻子走，比賽時却要如馬一般套上籠頭，駱駝不適應這種“裝扮”，因此常常偏離方嚮，奔出跑道。當然，駱駝們的速度還是非常快的。

都蘭那達慕上的摔跤手們，在入場時模仿獅舞、鹿跳、龍騰和虎躍，這是沿襲已久的傳統。

那達慕上，青年男女的盛裝舞蹈是一道不可或缺的風景。

中國江河流域自然與人文遺產影像檔案·三江源 | 人神共歡 | 叁_花與箭的寄托 | 攝影_鄭雲峰 | 拍攝年代_1982-2012

朝山會：敬神拜山漫『花兒』

青海素有『十八廟會』之說，它們像一朵朵鮮花，盛開在高原人們的心頭，把本來平淡無奇的日子，妝扮得活色生香。老爺山朝山會，是花叢中最鮮艷的一朵奇葩。

在當地人的講述中，老爺山朝山會的起源與一位皇太子有關。傳說他放弃富貴榮華，求仙修道，在終成正果之後，贏得『半副鑾駕』［即皇帝儀仗的一半］。於是，每年農曆六月初六，老爺山上就出現了半副鑾駕的執事儀仗，人們敬神拜山，祈求福祉。

土地上舞鍬弄鋤的農民組成了八支朝山隊伍，這些人都是志願者，每年并不固定。朝山之前，他們必須齋戒，以熏柏香清潔身體，向神祖露自己的心迹。

六月初三，朝山會在晨曦中拉開了大幕。第一個儀式是升幡祭旗：人們先在『神幡』［金鈴吊挂］內放包好核桃、紅棗、糖塊、銅錢等寓意吉祥之物，用細繩捆扎，細繩接頭綁好點燃的綫香；接着人們豎起神幡，衆人焚香化表環跪叩拜，齊頌『升幡號子』；待香盡繩斷，神幡展開，其中的核桃等物瞬間滚落，衆人群起搶之，圖個吉利；之後，人們用鷄血點灑在青龍、白虎、朱雀、玄武四面開路旗上，高高豎起，以爲祭旗。

升幡祭旗結束，八支隊伍分開，先在本莊本村活動，行香化緣，朝拜雷祖廟、山神及城隍諸廟。六月初日清晨，大隊人馬在橋頭鎮聚齊，分頭向老爺山浩浩蕩蕩行進。

雖是民間廟會，人們對於半副鑾駕却毫不敷衍馬虎：三位德高望重的老人走在隊伍前列進香，一對長號長鳴，開道壯威。『朝山』『進香』大牌高高舉起，猶如戰旗。五十四人組成的傘旗隊，三人一組，每組皆有華蓋傘、瓔珞傘。兩對香火匣子由專人捧奉，匣内盛放香燭，匣蓋上寫着『朝山進香』四個大字。至於神棍、簽板、桃板、神劍、香爐、龍鳳牌、七星皂旗、神幡、座旗等應有盡有。此外，又有六人鑾隊，各持雲鑼、小鈸、碰鈴、銅鼓、笛子等樂器，演奏着震天動地的交響樂。隊伍中尤以炮隊最爲引人注目——四個大漢每人手持三聯鋼管炮，不時朝天鳴放，其勢儼然皇帝出行，大軍出征。

上午十點左右，各路朝山隊伍陸續抵達山頂。此時，鼓樂齊鳴，炮聲震天，善男信女，密密麻麻。隊伍照例巡行諸多神殿聖廟，焚香跪拜，以示崇敬。最後，在無量大殿焚香化表，隆重朝拜，祈禱風調雨順國泰民安。至此，朝山儀式宣告結束，接下來便是『花兒[1]會』了。

六月六日，老爺山成了花兒的海洋。同一天，在大通娘娘山、西寧鳳凰山、民和七里寺、化隆昂思多互助五峰山和丹麻，花兒同樣『開』得漫山遍野。瞿曇寺的花兒要晚幾天。這座被稱爲『青海小故宮』的著名寺院，位於青海樂都縣南崗溝，係明代洪武年間敕建，後經洪熙、宣德兩代擴建，遂成今日規模寺院的建築、雕塑、壁畫等都是藝術珍品，此外寺內還藏有無數價值不菲的文物寶器。

據說，瞿曇寺能够保存完整，風貌依舊，花兒功不可沒。

中國江河流域自然與人文遺產影像檔案·三江源 | 人神共歡 | 叁_花與箭的寄托 | 攝影_鄭雲峰 | 拍攝年代_1982-2012

支撐，寺院眼看就要失守。一日清晨，寺院圍牆上突然出現衆多盛裝的少男少女，高唱歌曲。歌聲引起了强盜們的疑心，他們以爲這是與援軍呼應的信號，惊慌之下匆匆撤圍而去，寺廟得以安然無恙。

據說，强盜撤圍之日是六月十五，此後便被人們定爲瞿曇寺花兒會的吉日。

如今的花兒會不再擔負嚇退敵人之功用，它衹是一個純粹的節日。寺廟前後，林中溪畔，各族百姓盡情歌唱，傾訴心中情感，盡享自由和歡樂。

花兒生長在最真實的生活和最樸素的愛情之上，其中有倫理道德、風土人情，有悲痛、怨憤、憂傷、吶喊、控訴，也有喜悅、幸福、希望、安詳、祈禱和歌頌。花兒的一百多種曲令中，每一種都旋律獨特，或短促，或悠長，或低沉，或高亢，或細膩，或粗獷，或輕柔，或嘹亮，或歡悅，或悲傷。

花兒之稱，名副其實，它就像渺小但色彩鮮艷的野花，開放在河湟大地的每一處山巒河谷、草坡林地田野村莊；開放在回、土、藏、撒拉、保安、東鄉、裕固、漢、蒙古等各族人民的心中。

▼ 插箭節：神箭護佑衆生

位於循化撒拉族自治縣的道幃藏鄉，是一片被阿尼仁欠、阿尼奧保欠、阿尼古月三座神山護佑的神奇土地。此地河流淙淙，土地肥沃。道幃藏鄉以『一人一塔一節日』享譽藏區，名聞天下。『一人』指的是喜饒嘉措大師——藏傳佛教文化的集大成者，道幃藏鄉諸多高僧大德的典型代表；『一塔』是安多自然佛塔，這片神奇土地的閃亮標志；『一節日』是道幃『拉則』，也就是民間插箭祭山神及神舞儀式盛大而神聖。

一年一度的道幃拉則，是由拉卜楞寺著名的格魯派活佛——第七世貢唐倉丹貝旺秀倡導并親自選址開光的。儀式地點位於虎頭山下古雷寺旁，喜饒嘉措大師初學成就於此寺。道幃拉則因喜饒嘉措大師的遺言而興起之後，各村社遂自發舉行儀式。後來大家爲便於交流和擴大影響，就把時間和地點統一起來

箭，在藏族人民的原始崇拜中，是戰神、福神、創世神和生命神的標志物；是美好、幸福、吉祥、平安福運的象徵。

關於道幃插箭節的起源有很多說法，其中流傳最廣的是其源於戰爭。

古時爭奪屬地的戰爭异常殘酷，軍事領袖的地位和影響至高無上。領袖亡故後，人們必須將其精神延續下去，以鼓舞部族在戰爭中獲取新的勝利。久而久之，這種信仰逐漸演化爲對屬地保護神——山神的信仰。

既是源於戰爭，當然與刀箭有關，所以插箭就成爲祭祀山神不可或缺的儀式。

中國江河流域自然與人文遺產影像檔案·三江源｜人神共歡｜叁_花與箭的寄托｜攝影_鄭雲峰｜拍攝年代_1982–2012

彩色木製箭羽固定在旗杆之上，并將印有經文的彩色旗幡及松柏枝依次固定在杆頭，追求精緻美觀者還會繫上寓意吉祥的白羊毛；個人所用的箭則大小不一，道幃藏鄉每個男性，從年高德劭者到稍諳事理的孩子，都會製作屬於自己的箭。

農曆六月是道幃藏鄉的黄金季節。六月十五，道幃各村落的藏族百姓身着盛裝，乘車騎馬，聚集到古雷寺插箭臺四周。祈福、煨桑、拋撒風馬之後，插箭儀式便開始了。此時的場面如大軍出征一般莊嚴神聖，先是各村壯漢扛着巨箭，依次插入箭垛。接着人人高舉繫有旗幡的箭矢，按順時針方嚮，緩緩環繞箭垛一圈。然後雙手遞給指定插箭的彪形大漢，插入垛內。箭杆指向雲天之際，經幡[2]隨風飄動，儀式進入高潮，桑烟滚滚升騰，鞭炮聲震耳欲聾，風馬飛舞，人們狂熱的呼聲響徹雲霄。

時過境遷，戰火硝烟、金戈鐵馬已成往事，但高原的尚武精神却歷久彌堅。盛世中的道幃藏鄉供奉、祭祀神箭，除了張揚藏民族尚武的精神，還表達着對幸福生活的期望，寄托着人神共歡的信仰。

▼ 達頓節：五彩神箭之宴

青海省黄南州尖扎縣是藏傳佛教後弘期［見篇後編者注］的主要發源地，被稱爲『南宗之地』，先後涌生過多位藏傳佛教高僧大德。這裏以『五彩神箭』文化聞名於世，是藏民族傳統射箭運動之鄉。

五彩神箭的『五彩』，意爲尖扎大地的天空之藍，雪山之白，高原之黄，土地之黑，丹霞之紅等諸般絢麗之色，交匯融合，化作五彩的祈禱和祝福。弓箭早已融入尖扎藏族人民的生產、生活和信仰之中，無論婚禮宴樂、兒女誕生、建房喬遷、祈壽招財、祭祀祈福還是秋收入庫，藏人都要給木箭繫上哈達、小銅鏡、松耳石等物，期盼以此帶來福祿財運和榮譽。

五彩神箭被供奉和祭祀於高高的箭臺之上，也被供奉和祭祀於每一戶藏族農家之中。

弓箭起源於一萬年前的中石器時代，原始人用它狩獵捕魚。隨着部落和國家的誕生，它又成爲戰事中的武器。弓箭對於游牧民族，特别是藏族先民則更爲重要。據説，吐蕃王朝崩潰之後，幾十萬騎兵及眷屬無法返回吐蕃本土，便留在農耕之地。如今尖扎及化隆、卓倉等各部藏族，都與這些吐蕃軍隊有着直接的淵源。雖然王朝滅亡，但戰士對弓箭的熱愛并未消減分毫，造箭習箭之俗一直延續至今。

公元八四二年，拉隆·貝吉多吉刺殺吐蕃末代贊普朗達瑪[3]後，跋涉千里，來到多麥避難。他將行刺所用弓箭藏於黄河南岸尖扎縣的洛多杰扎。後來，人們掘出這套特製的鐵製弓箭，并舉行紀念活動藏式『達則』[4]自此盛行於尖扎及化隆、卓倉等地，迄今已有一千一百多年的歷史。

尖扎的達則文化底藴深厚，儀式衆多，一般分爲事前準備、射箭比賽和達頓節三個階段。

備戰期間，一個村要選定另一個村爲對手，并委派專人向對方提出挑戰，商討射箭比賽的時間、地點和相關規則「有時也直接向另一個村子不宣而戰」。對方應戰并達成共識後，兩家便輪流到對方村莊，

中國江河流域自然與人文遺產影像檔案·三江源 | 人神共歡 | 叁 _ 花與箭的寄托 | 攝影 _ 鄭雲峰 | 拍攝年代 _1982–2012

東，如果年內本村或本部落沒有人死亡，就會舉行隆重熱烈的臨時性節慶活動，名爲『達頓』。

『達頓』是藏語，意爲『神箭之宴』或『射箭的節日』。在尖扎，達頓節被人們視爲比春節、藏曆新更重要的節日。達頓節之夜，兩村的射手將受邀參加酒宴，人們載歌載舞，通宵達旦，歡樂之情，永不減。

*① 『花兒』是一種民間歌曲，廣泛流傳於中國西北地區，歌詞中常將年輕女子比喻爲花兒，因以得名。

*② 經幡亦稱『風馬旗』『神旗』『飛馬旗』等，藏傳佛教用物。常用樹枝做旗杆，各個枝梢綴繫成排的彩色小旗，插於頂或神壘上，以祈求福運，禳除灾禍。

*③ 朗達瑪，亦譯作達磨，又稱達磨贊普、朗達瑪烏東贊，吐蕃王朝末代贊普。由於他發動滅佛運動，藏傳佛教徒便說他是『魔王』下界，遂在其名字前加一『朗』字［藏語意爲牛］以示反感。朗達瑪初信佛，唐開成三年［公元八三八年］爲反佛族大臣杰刀熱等擁立，下令禁佛。其間，吐蕃國內封閉、拆毀大量寺院，燒毀佛經，毀壞佛像，對僧衆或誅殺、流放，或令還俗。此次滅佛運動對吐蕃佛教流傳是沉重打擊，此後佛教在藏地百年不見起色。這段時期，西藏佛教史籍稱爲『滅法期或『黑暗期』。以此爲界，此前時期被稱爲藏傳佛教『前弘期』，此後爲『後弘期』。與朗達瑪滅佛事件幾乎同時發生的是唐王朝的『會昌法難』歷史事件［唐武宗下令滅佛］。唐會昌二年［公元八四二年］，朗達瑪被佛教徒拉隆·貝吉多吉刺殺

2006 年，青海省互助土族自治縣參與申報的“花兒”（丹麻土族花兒會），被列入第一批國家級非物質文化遺產名錄。

1988.7

花兒會期間，漫山遍野都是人，而有人群的地方就有歌聲，宛若歌聲的海洋。

第※【叁】※章

花與箭的寄托

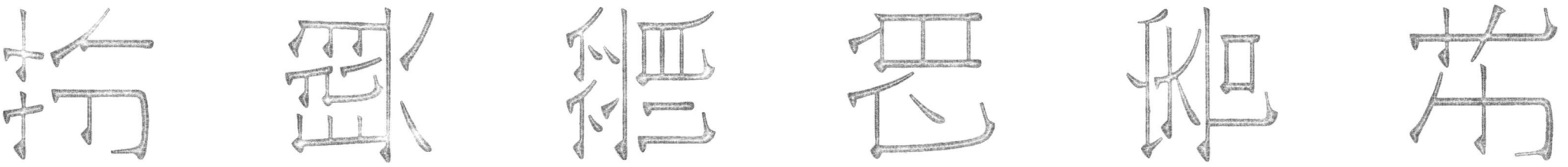

丹麻鄉土族花兒會上的對歌場景。花兒會的主要活動內容包括對歌、攔歌、游山、敬酒等。土族群衆所唱歌詞多爲即興創作，因而生活氣息濃厚。

花兒會是青年男女尋找心儀對象，表達愛意的絕佳場合，一曲“花兒”，勝過萬語千言。

2010.7

在青海，很多地方都有朝山會，其中大通縣老爺山的朝山會尤爲著名，參與人數衆多，規模宏大。

Ronaldino

長達數十米的巨大神箭需要幾十個壯漢纔能抬上山去，到了插箭臺旁，衆人齊心協力纔能將其豎立起來。

插箭節上，印有經文的五色經幡隨風飄舞，營造出一種莊嚴肅穆的氛圍。

除了集體共用的巨箭之外，道韓藏鄉的每個男人，哪怕是小孩，也都有屬於自己的箭。對於小孩來說，擁有自己的箭，幾乎等同於舉行了成年禮。

插箭儀式完成後，人們在喇嘛的帶領下，圍繞神箭轉圈，敬獻哈達，拋灑風馬。激情的吶喊聲響徹山野。

藏族傳統的弓是牛角弓，弓弦以牛筋製成，箭則由羽毛、箭杆、箭鏃組成。

比賽場上，射手深吸一口氣，目視前方。隨着“嗖”的一聲，箭矢直奔靶心。

尖扎的射箭比賽，往往是在兩個村莊之間對決，先賓後主。在一個村子比賽完了，再移師對方的村莊繼續比賽。對手比賽時，另一方則極盡語言干擾之能事，不斷起哄。

中國江河流域自然與人文遺產影像檔案·三江源 | 人神共歡 | 肆_信仰的力量 | 攝影_鄭雲峰 | 拍攝年代_1982-2012

第※【肆】※章

信仰的力量

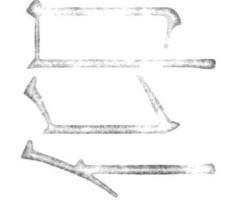

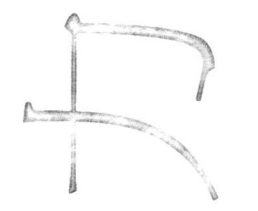

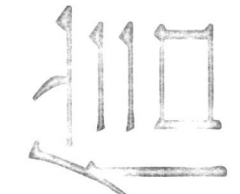

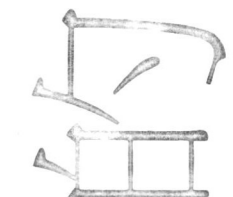

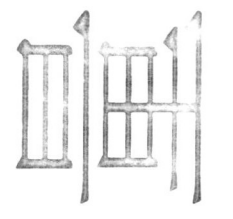

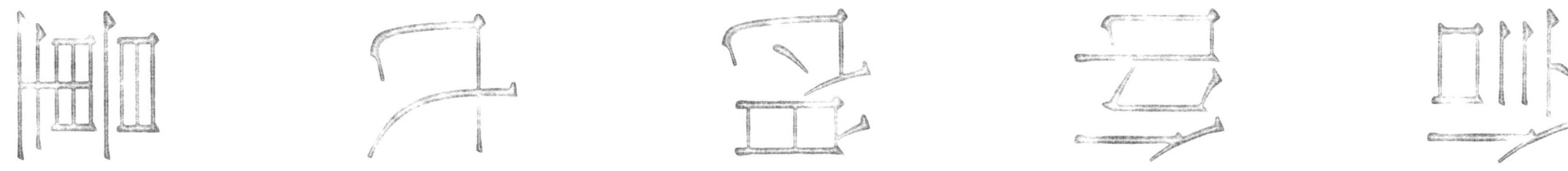

▼穆斯林的節日：朝覲聖地的虔誠身影

伊斯蘭教曆［在我國也稱『回曆』］九月初一傍晚，太陽落下山頂，暮色漸漸籠罩了大地。清真寺的宣禮塔上，農家院落的牆頭屋頂或視野開闊的地埂渠壩上，靜靜地佇立着一些穆斯林的身影。他們遙西方的天空，細心尋找那橄欖枝似的月牙兒，他們爲此已等待了整整一年。當那一彎銀色的、如羽般纖瘦的彎月懸挂於天幕之時，便預示着穆斯林最尊貴、最吉慶、最快樂的日子來到了。從那一刻起，他們進入了『齋月』——凡穆斯林成人身體健康者都將閉齋一月。他們認爲，這是清心寡欲，專事真主的時間。伊斯蘭教的創始人穆罕默德曾說過：『閉齋是堅韌的一半，堅韌是信仰的一半。』說，從他四十歲那年的齋月開始，經過二十三年的時間，真主將《古蘭經》傳授給了他。因而，齋對於每一個虔誠的穆斯林來說都是神聖的，最是穆斯林鍛煉意志和爭先向善的機會。因伊斯蘭教曆於陰曆，且沒有閏月，因而其九月［也即齋月］每年均以十天左右的幅度向前推移，所以，入齋的間就不能僅參照日曆。爲此，伊斯蘭教曆就以『見月封齋，見月開齋』爲標志，規範齋月時間，這觀月定期的習俗和規矩一直延續到了今天。

閉齋，是穆斯林們精神修練的一種特殊方式。在這一個月內，除却特殊情況，滿十二歲的男子，滿歲的女子，衹要身體健康，且不在旅途者，都要接受意志、思想和身體的磨練。每天黎明之後，日之前，閉齋者就得斷絕一切飲食及性事等其他伊斯蘭教禁絕的行爲，無論酷暑寒冬，都得嚴格遵行至於孕婦、乳婦、病人、經期婦女、旅客等，則視不同情況，或事後補還，或以提供六十個窮人一的飲食的方式來代替一天的齋戒。齋月裏，穆斯林們體驗着饑餓和乾渴的痛苦，同時將或多或少的票送給乞討者。他們用自己的行動踐行着堅韌、剛强、廉潔的美德。在他們看來，這個月是修身養最吉祥的月份，不但日常舉止遵循戒律，更重要的，追求表裏如一，耳不聽邪，目不視邪，口不言邪意不思邪，身不觸邪。反之，如果衹注重形式，而弃之內涵，則不符合穆斯林齋戒的真諦。

月亮升起又落下，轉眼到了齋月二十七，『蓋德爾之夜』隨着晶瑩的月牙兒悄然懸於天際而來臨，是一個穆斯林們很看重的夜晚。他們認爲，很多年前的這個夜晚，真主將《古蘭經》通過天使傳給穆罕默德。虔誠的穆斯林們認爲，這是前定，也是高貴的再現，蓋德爾之夜完美地解釋着這兩層意思穆斯林們就在這一夜在家請客或去清真寺贊聖誦經，直至通宵達旦。

一個月很快過去，齋月的結束同樣通過觀月來確定。一俟確定或聽到了通過確切途徑傳來的消息，斯林男性就會在一片說『色倆木』的歡悅中，來到清真寺或村莊能够聚集更多人的荒郊舉行慶典。典的結束，就意味着穆斯林傳說的『開齋節』已經來臨。隨後的三天，就是他們稱之爲『小爾德』的日。在此期間除了走親訪友，他們也注重休息，更有爲子女完婚的。其實，有些地區，節日的氛圍往要延續十五天甚至一個月。

除此之外，穆斯林還在每年的開齋節之後七十天過『古爾邦節』。古爾邦節習慣上被稱爲『大爾德節』『忠孝節』或『宰牲節』。有經濟條件的人在此之前就會趕往沙特阿拉伯的麥加參加『朝覲』，并獻牲表達虔誠。條件不足以去朝觀但還比較寬裕的人家就會宰牛、羊、駱駝等歡度節日，款待比自窮的鄰居和親戚。除了這兩大節日之外，穆斯林還有一個節日就是『聖紀節』［即先知紀念日］。這天各方穆斯林就會集中在清真寺或先賢墓地內集會誦念經祈禱，共叙友情。需要指出的是，有些伊

中國江河流域自然與人文遺產影像檔案·三江源 | 人神共歡 | 肆_信仰的力量 | 攝影_鄭雲峰 | 拍攝年代_1982-2012

美好的日子總是過得很快。對於節日，穆斯林還保持着這樣的一份清醒，他們之中流傳着這樣一句不
是經典但却同樣支撑着信仰生活的話：『夜夜都當蓋德爾［即「高貴夜」］，人人都當赫迪爾［一位聖
人」』。意即每一刻時光，每一個人都是不敢怠慢的，爲此，他們更看重每天的平常生活。

每日五時，不論身處哪裏，穆斯林們祇要聽到來自清真寺的召喚，他們就會放下手頭上的工作或停
止休息，就近趕往清真寺做禮拜，進行祈禱。每個星期五，他們更是自覺地匯聚於約定的大寺進行
『聚禮』。在這方面，對於青海的穆斯林來說，東關清真大寺就是他們嚮往的最大寺院。東關清真
大寺距今已有九百多年歷史，是我國西北地區最著名的清真大寺之一，每到周五都會有四五萬穆斯
林雲集於此進行禮拜，到了重大節日則多達十多萬人。最隆重的時刻莫過於到了兩節。那些頭戴白
帽的穆斯林，在天剛剛蒙蒙亮的清晨八時，就會涌往東關清真大寺。一時間，大寺裏鋪滿了五顔
六色的禮拜毯，不一會兒，寺外的路上也整齊地坐滿了穆斯林。從高處放眼望去，密密麻麻的人
白帽覆蓋了整條街道，蔚爲壯觀。

九時二十分，阿訇開始宣講教義，誦念祈禱經文。穆斯林們面嚮聖地麥加的方嚮屏息靜聽，在阿訇的
帶領下侍立、鞠躬、叩首、跪坐。現場莊嚴肅穆，聽不到一點兒雜音。十時，禮拜結束，虔誠的穆斯
林潮水一樣慢慢退去。他們在陽光中開始了伊斯蘭教的新年。

▼ 佑寧寺觀經：通嚮信仰之路

公元一四〇九年［明永樂七年］正月，爲供奉諸佛、菩薩，祈禱來年風調雨順，藏傳佛教的傳奇
人物——宗喀巴大師在拉薩大昭寺創辦了『祈願大法會』，并從此成爲藏傳佛教格魯派寺院所共有
的法會。

一到正月，在被譽爲『湟北諸寺之母』的佑寧寺，盛大的觀經活動就開始了。佑寧寺位於青海省互助土
族自治縣五十鄉境內，因地處郭隆地區，故藏語稱爲郭隆寺，是格魯派在青海地區的五大寺院之一。

土族民眾把觀經活動稱爲『强木』①或『跳神』。這是一種在寺院中由戴面具的僧人以啞劇形式表
演，以表達宗教奧義的舞蹈，也是土族地區藏傳佛教祈願法會的重要內容之一。土族地區各大寺院都有
觀經活動，其中以佑寧寺的觀經規模最大；而佑寧寺一年兩次觀經，又以正月十四的觀經最爲隆重。

觀經表演由一系列舞蹈組成，比如『南次仁舞』『崗日哇舞』『巴爾加舞』『夏舞』『唐乾巴舞』等
舞蹈中的每一個角色都象徵着某一位護法神，他們令人畏懼的形象，正是佛教對邪魔戰無不勝的外在表
現形式。

佑寧寺的觀經表演，既是一種大型的集體宗教活動，也是一種群眾性的文化娛樂活動。觀經期間，虔信
的人們，尤其是老年人，不僅堅持始終，而且在觀經表演的整個過程中，不時地跪拜禮佛，念誦真言
在這一宗教節日裏，世俗大眾可以通過喇嘛們的表演和自己的想象，與自己虔信的神佛進行現實中的交
主，感受他們的威猛與慈愛——那些動作幅度大且速度緩慢的護法神，既給人一種威懾力，又給人

中國江河流域自然與人文遺產影像檔案·三江源 | 人神共歡 | 肆 _ 信仰的力量 | 攝影 _ 鄭雲峰 | 拍攝年代 _1982–2012

時緩時急，悠長渾厚的鼓號聲，使人進入一種震撼心靈的宗教氛圍。

▼ 於菟舞：巫風楚韵

隆務河緩緩流過黃南秘境，把黃河上游南支流域滋潤得物阜民豐。黃南州同仁縣年都乎村是一個土族村莊，它坐落在一座古城裏。村子三面高牆一面懸崖，街巷窄小彎曲，房舍擁擠，看似一方土黃色的大印沉厚而結實地『蓋』在那裏。臘月二十這一天，被當地人喚作『黑日』，據說此日各方妖魔鬼怪紛紛出動作亂，於是人們便請『於菟』〔即老虎〕來驅邪，保佑平安。

儀式從下午開始：八名扮演於菟的男子在巫師的帶領下，來到二郎神廟。他們脫去上衣，挽起褲腿，
上白粉，用墨汁或者鍋底灰在全身繪上虎豹斑紋，隨後他們用法師施過咒語的白紙條將頭髮扎起。既而一隻隻『暴怒』的『於菟』手持經文裹定的木棍衝出廟門，圍繞煨桑臺縱情跳躍。忽然，村口一聲槍響『於菟』們便氣勢洶洶地衝出神廟，直撲村裏。

其時，各家門前的供桌上已備好各色貢品，『於菟』們一擁而上，狼吞虎咽。一番吃喝之後，即竄進
家，肆意『搶掠』食物，并模仿老虎的樣子，將食物叼在嘴上。如此『騷擾』一番，『於菟』們翻牆
出莊院，在村口會合。等候多時的村民們搶上前來，將油餅或饃饃穿在『於菟』們的棍子上，目送他們漸舞漸遠。這時，又一聲槍響，巫師開始誦經驅趕『於菟』，八隻『於菟』四散奔逃。演員們來到河邊破冰洗去身上的虎豹花紋，盛大的驅魔活動至此落幕。來年的同一時間，這場有着數百年歷史的的古老民間儺舞又將如期進行。

湖北省雲夢縣古稱『於菟』，先秦時屬楚，也許年都乎於菟舞和楚地有些聯繫。對於於菟舞的起源，這也可算作聊備一說罷。但不管其來源如何，於菟舞作爲以驅魔鎮邪，祈求平安爲目的的宗教儀式，在中國儺文化中獨具一格。它集圖騰崇拜、巫風祭祀於一體，歷史悠久，文化信息豐富，堪稱人類原始宗教
信仰和民間藝術的『活化石』。

*①『强木』，亦作『羌姆』，意爲『跳神』。藏傳佛教中的一種宗教舞蹈。來源於吐蕃桑耶寺建成慶典，演變至今，成
有固定程式的舞蹈。其面具及服裝非常獨特，以密宗中的本尊、護法神形象居多。强木衹在寺廟內部逢隆重宗教活動和節
時演出，一般不在民間表演。强木演出時按嚴格的宗教內容及程序進行。通常在藏曆正月初十、十五以及九月底、十二月

要像爱护自己的眼睛一样维护民族团结

青海省黃南州尖扎縣的穆斯林，在 開齋節這天清晨，身着整潔的新衣，會聚於村郊，舉行盛大的會禮儀式。

古爾邦節又稱“宰牲節”“忠孝節”，在隆重的會禮儀式結束後，有條件的人還要宰牲慶賀，以宴請窮人和左鄰右舍，表達自己的信仰和忠孝。

西寧東關清真大寺舉行開齋節慶典，場面宏大。

西寧市東關清真大寺
东关清真大寺
DongGuan Muslim Grand Mosque
国家AAAA级景区

佑寧寺祈願大法會歷時 15 天，自正月初二至正月十五。其中，正月初八和十四是觀經日，有“跳神”等活動。

“跳神”是藏傳佛教寺院法事活動的一種宗教舞蹈名稱。

1991.2

烏鴉在藏傳佛教中，負有請神、傳信的使命。

1991.2

皚皚白雪爲肅穆莊嚴的儀式現場平添了一份神秘、聖潔的意味。

“跳神”的宗旨是供奉神佛以及驅逐邪魔，對此，各地區的藏傳佛教寺院都有一套完整的儀典。

法師在山神廟中祈禱誦經之後，飲了酒的“於菟”們也已進入迷狂的狀態。在法師鼓聲的指揮下，於菟們向山下村中舞去。

2004.12

“跳於菟”的舞者必須是青壯男子，表演之前还要做一些特殊的準備工作：首先要脱去上衣，并將褲腿挽至大腿；然後在裸露的皮膚上塗以辣椒面與桑灰的混合物，如此既可禦寒，又便於在上面繪出各種紋路。

“於菟”下山後要走遍每家每戶，驅趕各家隱藏的妖魔，并且從人家家裏帶走鮮肉和圈饃。

“於菟”們且舞且行，穿街過巷，手持兩米多長的樹枝，上端纏着寫有經文的白紙，經文大意爲鎮邪驅魔。

2004.12

自始至終，“於菟”們必須保持固定單一的舞蹈動作，墊步、收腿。衹是跳躍幅度不時變化，這是一種原始的擬獸舞。

2011.12

當“於菟”驅除了隱藏在村莊裏的所有邪魔之後，法師在村外河灘上誦經焚紙，表示妖魔已被除盡，從此全村平安無災。

中國江河流域自然與人文遺產影像檔案·三江源 | 人神共歡 | 伍_河湟古風 | 攝影_鄭雲峰 | 拍攝年代_1982-2012

第※【伍】※章

貝典古画

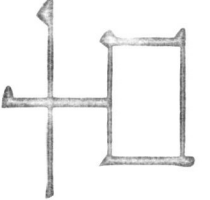

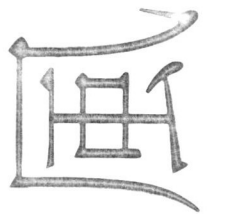

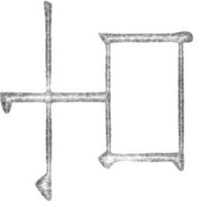

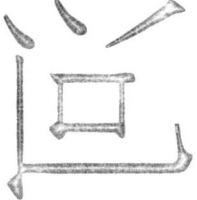

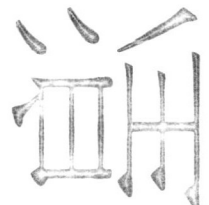

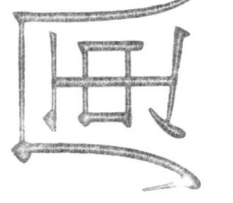

▼ 納頓節：世界上時間最長的狂歡節

黃河在青海東部高原穿行，一路汪洋恣肆，氣勢雄渾，流經民和時，却忽然溫婉起來。水的『溫潤』和土的厚重，孕育出一方神奇的土地，世界上時間最長的狂歡節誕生於此。在黃河岸邊安身立命的土族群衆，把這個規模盛大的節日稱爲『納頓』〔意思是『玩』〕。如此命名一個慶祝豐收，感謝神靈的節日多少令人驚訝。然而，看似隨意輕巧的名字，實則隱含着土族人民對生活嚴肅、虔誠的態度以及對生死的達觀與超脫。

農曆七月十二日，民和南部的三川地區夏糧歸倉，歡快的鼓點在下川鄂家、懷塔村敲響了。隨後的六十三天，鏗鏘的鑼鼓聲將從東向西，一村接着一村，落滿數十里川道。人們穿着華美的的服裝，追隨鼓點，探親訪友，密晤心愛。一杯酒，一句話，無不流露出對豐收的喜悅，對神靈的敬意和對美好日子的嚮往。

在這盛大的節日裏，『神』與人同爲主角。田野上，大白布帳篷巍然矗立：它內部正上方供奉着地方神位，供桌上擺滿了各種供品，香烟繚繞，油燈閃閃；下方堆放着莊戶人家敬獻給神的碩大的白麵饃饃每個足有十斤。帳篷四周經杆林立，經幡飄動，把人們帶入了神的世界。

場面驚人的『會手舞』把納頓節推向了高潮。這種集體舞蹈，少則幾十人，多則數百人。領舞的是村裏輩分最高，德高望重的老者。他們身着白綢緞長衫，外套黑色坎肩，頭戴禮帽，手持鮮花、柳枝或扇子翩然而舞，一招一式，莊重而典雅。青壯年組成的鑼鼓隊緊隨其後，漢子們腰繫紅綢帶，扎着褲腿，舞姿熱烈奔放。最後面的是兒童，模仿着大人的舞姿，憨態可掬。兩村『會手』們碰面時，鞭炮齊鳴，鑼鼓喧天，現場氣氛陡然升溫；舞蹈的漢子們捧起大碗青稞酒，互祝平安吉祥。

『會手舞』在祝福聲中退場。歌頌莊稼人的舞蹈《莊稼其》〔『其』爲土族語言，意即『人』〕和再現土族祖先頑强生存的《殺虎將》陸續上演。至於『上刀山』和『穿口釺』表演，則爲納頓節平添了驚心動魄的神秘色彩。

農曆九月十五，最後一聲鼓點在趙本川村落下，全世界狂歡時間最長的節日，在黃河岸邊告一段落。

▼ 河湟社火：追憶與感恩

大地靜臥在白雪之下，寒風捲起雪粒撲向溝峁，散布在山巒峰叢中的村莊裏。打碾場上響起陣陣鑼鼓聲男女老少在鏗鏘的鼓點聲中，扭動着身軀，溫習着承傳悠久的社火。

這裏是黃河上游支流湟水河流域。進入臘月，寂靜的山村便熱鬧起來。人們從收穫的喜悅中轉過身來滿懷謙卑，籌劃着以喜慶和熱烈的方式，祭祀神靈，慰勞自己。雖然人們爲古老的傳統陸續增添了些新時式元素，但人們對土地和火的崇拜之情卻絲毫未變。

中國江河流域自然與人文遺產影像檔案·三江源 | 人神共歡 | 伍_河湟古風 | 攝影_鄭雲峰 | 拍攝年代_1982-2012

河湟社火的起源在中原，它隨着徙居青海高原的漢民族來到這裏。從河湟社火中，可以看到南方的社戲、中原的舞龍以及內陸其他地域春節祭祀的影子。某些在內地社火中已經失傳或不完整的部分，在河湟社火中都原汁原味地傳承至今。

在一年一度的人神共歡中，千里迢迢徙居高原的漢族，藉助歡騰的社火完成了對故土的追憶。

河湟社火場面宏大，節目繁多，堪稱包羅萬象。僅舞蹈就有道具舞、情緒舞、啞劇舞、鼓舞、面具舞、雜劇舞等等形式，它們以誇張的形態和激情的節奏，表達着人們內心的狂喜和對神靈的崇敬。

社火舉行的日子，河湟大地儼然一座樂園。那一刻，人是神，神也是人——人通過特殊的裝扮具有了神的『法力』;而神被謙恭地『請』下神壇，『來到』了人們身邊。騎着高頭大馬，面目塗得黝黑的『老爺』在馬背上晃晃悠悠，似醉非醉，行至各家門前，滿飲青稞酒，送上吉祥語。得到祝福的人家滿心歡喜，千恩萬謝。哪怕那些人家平日對裝扮者有一肚子的怨恨和不滿，此刻也全都拋之腦後。在他或他們心裏，那個平素與自己多有齟齬的人，此時此刻就是神的化身，是必須要禮敬的。

在河湟地區鬧社火的日日夜夜，被請到凡間的『神』數不勝數。他們與人同樂，接受尊崇，送出祝福

▼ 梆梆會：呼喚神佑的鼓聲

每年農曆二月初二，當大地還籠罩在一片寒意之中時，地處青海省互助土族自治縣的東溝鄉大莊村，每迎來了一年一度的『梆梆會』。人們身着盛裝，聚集在村廟的廣場上，載歌載舞歡度這盛大的節日。

『梆梆會』是一個歷史悠久的民間傳統宗教節日，自明代萬曆八年〔一五八〇年〕開始，迄今已綿延四百餘年。這個節日的一大特色，是衆法師手持單面羊皮鼓邊舞邊敲，其聲『梆梆』，鏗鏘有力，『梆梆會』因以得名。

土族雖然是世居青海高原的少數民族，但因地理、歷史等多重原因，與漢族文化淵源頗深。土族一些古老的習俗和信仰受漢文化熏染日久，呈現出土族文化與漢族文化水乳交融的獨特氣質。梆梆會無論程序、儀式還是衣着、道具，幾乎每個方面都體現出土漢文化融合的鮮明特點——它既有土族原始薩滿信仰的特徵，又帶有中原道教信仰的痕迹。

梆梆會有一套約定俗成、沿襲已久的程序，主要包括豎幡、跳神、招魂、放幡、卜卦等。在整個過程中邊舞邊鼓的法師始終扮演着最爲重要的角色，所有程序都在其主持下完成。從本質上來說，梆梆會上法師所跳的神舞是一種道教娛神舞，目的在於祈求龍王保佑莊戶平安，風調雨順，五穀豐登等，其他儀式都圍繞着這一目標展開。

梆梆會最爲引人注目的道具是幡，它高達十米。二月二日一早，在法師的主持下，人們將幡杆豎立於

中國江河流域自然與人文遺產影像檔案·三江源｜人神共歡｜伍_河湟古風｜攝影_鄭雲峰｜拍攝年代_1982-2012

上左右各插一個饅頭，幡繩上繫着被稱作『糧蛋子』的小布袋，裏面裹有五色糧食、紅棗、花生、糖硬幣等物。

高大的幡杆豎起來後，在大法師的率領下，身着法衣，手持法鼓的衆法師高誦禱詞，開始擊鼓而舞。鼓聲激越昂揚，舞姿熱烈奔放，迅疾將整個會場帶入一種神秘肅穆的氛圍之中。在單調却不乏韵味的鼓聲中，法師們要一直跳神兩到三個小時，而後進入『招魂』儀式。所謂『招魂』，就是大法師作法，將法案上的一個小瓷瓶勾倒，意思是『勾』來了一個童男的魂魄，作爲敬獻給神靈的供品。父母們當然不希望自己孩子的魂魄被『勾』走，所以梆梆會這天，當地男童的胸前都被父母挂上一個裝有蒜頭、五色糧食等物的小紅布袋，以免魂魄被法師『勾』走。

放幡時，原本秩序井然的會場立即喧鬧起來，無論大人小孩全都一擁而上，爭搶『糧蛋子』和插在杆頂的饅頭。據說，得了饅頭者，可生『狀元郎』，搶到『糧蛋子』亦可免禍消災。甚至那些五顏六色的幡紙，也會被大人們撕下拿走，因爲它們被認爲可以給孩子們『衝邪』。

土族人相信，當高高在上的神靈聽到了羊皮鼓發出的『梆梆』之聲，也就感受到了他們內心的虔敬，於是降福人間、賜予佑護。於是，五穀豐登，吉祥平安的又一年就在這鼓聲中到來了。

▼ 九曲黃河燈：遺落人間的天上銀河

那些燈，在黃河上游的湟水河流域熠熠生輝，光耀了六百多年，把老百姓的心照得亮堂堂的。有了它七里店的春節就有了日月的秘密和與衆不同的內容：村莊的日子仿佛一碗用腌白菜、紅蘿蔔調和的拉麵，色澤鮮艷，滋味敦實。

每年正月初八，驟響的鑼鼓聲發出了河湟大地狂歡的號令。樂都七里店及鄰近的四個村子握慣了鐵鍬和鐮刀的莊稼漢們，聚衆上廟，商議燈事。這時候，他們儼然是出衆的藝術家，不凡的軍事家，通曉陰陽和過去未來之事的大巫師。

他們的舞臺是一片面積達十五六畝的原野。從正月十二開始，這裏成了偌大的燈場——一座用紅黃色燈籠『建築』組成的壯觀之城。這天，燈把式們破土祭神，然後畫出路线，當路线畫到中央紫禁城位置時，鳴炮、焚香，總管們給燈把式敬酒。十三日早上，村民們依路线兩側栽燈杆。栽燈杆的地區，各家固定，家與家的分界處，以松枝爲界。十四日上午，這座由三千六百多盞燈組成的繁華城邑，在湟水河畔巍然矗立。

夜晚降臨，燈場成了燈的海洋，萬點金星，光明一片，人流如織。燈會期間，人們大擺『九曲黃河燈陣』，還誦經獻戲。遇有瑞雪降落，天空飄拂着薄薄的雪花，燈場裏點燃着盞盞燈火，更富詩情畫意。近看，豎成列，橫成行，似朵朵荷花含苞待放；遠觀，繁星點點，光明燦爛，宛若一彩繽紛的銀河泄地。

中國江河流域自然與人文遺產影像檔案·三江源｜人神共歡｜伍 _ 河湟古風｜攝影 _ 鄭雲峰｜拍攝年代 _1982–2012

經從黃河灘塗延伸開來，繁茂在人間。顯然，在隨後的日子裏，它還和道教有關。你看，九曲黃河燈的排列，就是一個太極圖，其中隱含着芸芸衆生的生活態度和對命運的理解。

實際上，七里店九曲黃河燈也是古代軍事的遺澤。七里店本身是一座明朝時期的古堡，西連水磨灣，東接李家莊，南靠南山回龍坡，北對北嶺紅崖；湟水繞其北，丘崗障其南，地理險峻，爲兵家要鎮。燈陣的布置，據說是根據八卦圖演化而來，即按『太極生兩儀，兩儀生四象，四象生八卦，八卦成九宮』的陣法擺布。

但在和平年代，九曲黃河燈承載着人們的心願和祝福。燈陣東進西出，東進門上懸一副對聯：『入此燈城，滿眼光明世界；來斯花市，萬物化雨春風。』橫額爲『東進解厄』。西出門的對聯抬頭便入眼簾：『月到天心，月燈交輝人玩賞；風和日麗，風調雨順穀豐登。』橫額是『西出延生』。

對九曲黃河燈會的諸多解釋，正是不同歷史時期的社會生活和民衆心理的積澱，它們共同賦予這一節久的民俗活動以更豐富的文化內涵。『串串黃河腿不疼，看看天燈雙眼明』『轉轉黃河圈，能活一百年；轉轉天燈杆，全家保平安。』

你瞧，行走紅塵，人們的期冀多麼樸實和實際。

民和縣官亭鎮的納頓節，一個小男孩牽着綿羊。當地土族人如遇家事不順或想達到某種心願，便向神靈許願。一旦願望實現，便在納頓節上獻祭肥羊還願。

“會手舞”是多人參與表演的大型舞蹈，由前來慶賀的客隊和本村主隊兩個舞隊共同表演。

納頓節上最著名的儺戲之一，便是取材於三國故事的“三將”和“五將”。

納頓節上另一場膾炙人口的儺戲，便是“莊稼其”。所謂“莊稼其”，意即種莊稼的人。

“莊稼其”的內容，主要是長輩教晚輩務農等情節，角色包括父母、兒子、兒媳婦和牛等。

納頓節最後的程式是“法拉”（意即通神的人）上場，他將“錢糧”（紙剪的幢幡）從木杆上扯下，纏成團，點燃祭天。

2011.3

東拉科村社火中的“高臺”表演，場面十分壯觀。

2011.3

高臺表演中，人物扮演的角色基本來自傳統戲曲。

2003.2

河湟社火中，踩高蹺是一個必備項目。在表演中，有的高蹺高達數米。

平安县
恒辉货运公

關於高蹺的起源，有學者認爲與原始的圖騰崇拜或沿海漁民的捕魚生活習俗有關。

湟中縣葛家莊二月二社火，其表演形式顯然受到了藏傳佛教“跳神”的影響。而且，此地社火中還有藏舞表演的環節。

從這些人物的裝扮上即可看出，河湟社火的文化基因來自漢族文化。

新春大吉事事興
財源廣進年

平安縣地處青海省東部農業區，其社火表演已有數百年歷史。

河湟社火中有一項表演，表演者需在臉上繪以綠色蛙紋，據說這是爲了酬謝傳說中除去害蟲的蛙神。

梆梆會正式開始前，人們在布置會場。

2010.3

手持單面羊皮鼓的法師是梆梆會上最重要的角色。法師懂得祭祀的程式和規則，行內人稱之“有高功的人”。

當梆梆會進入臨近尾聲的放幡環節時，孩子們一擁而上，哄搶繫在杆頭的“糧蛋子”和饅頭。人們相信，搶得饅頭者可爲“狀元郎” ，搶得“糧蛋子”則可避禍消災。

中國江河流域自然與人文遺產影像檔案·三江源 | 人神共歡 | 陸_高原之韵 | 攝影_鄭雲峰 | 拍攝年代_1982-2012

第※【陆】※章

高原之韵

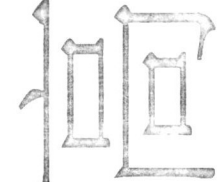

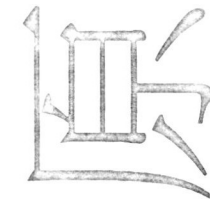

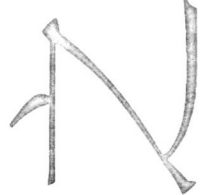

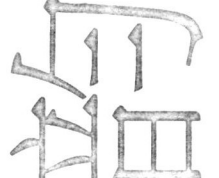

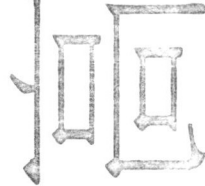

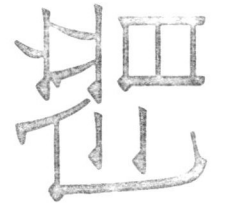

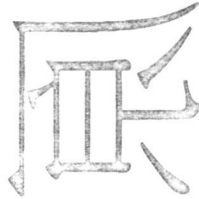

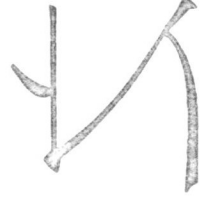

▼ 皮影：毛驢馱來的戲劇

一群孩子站在山梁，看到山路的盡頭閃出一群人，隱隱約約。慢慢的，身影清晰起來：五六個人，他們中間有一頭毛驢。那些人的手中、腋下都有某種樂器；毛驢身上馱着一個大箱子。此時，孩子們高喊『唱影子的來啦！唱影子的來啦！』

皮影戲，青海人稱『唱影子』『燈影戲』，是河湟谷地一種常見的民間藝術形式，迄今已有三百多年的歷史，鄉土氣息濃厚，百姓喜聞樂見。

『唱影子』的走進村子。村中男女老少都已聞風而動，紛紛上前寒暄問候，簇擁着那些翻山渡河、走村過鄉而來的客人走進某戶東道人家。吃飯，飯是農家飯食；喝酒，酒是青稞烈酒。

酒足飯飽之後，人們在村中麥場或某家的大場院裏搭起影臺，設置布景——一張白紙或一匹素絹就是銀幕，一盞小燈就是舞臺燈光。入夜，村中家家閉戶關門，人們齊聚戲台四周，等候帝王將相，才子佳人，神仙鬼怪出場亮相，上演天地傳奇抑或世間悲喜。

皮影的道具主要有『皮娃娃』『亮子』和燈盞。

『皮娃娃』就是用牛皮雕刻彩繪而成的影人。皮影的製作精巧細緻，人物、花卉、鳥獸、亭臺樓閣、山川林木，無不華美絢爛。『亮子』即銀幕；燈盞，也就是光源。樂器有四胡、三弦、曲笛、嗩吶、長杆喇叭、小戰鼓、乾鼓、大鈎鑼、小鑼、梆子等二十多件。

皮影好戲終於上演，但演員衹有一個，名曰『把式』。生旦淨醜，唱念做打，均由一人承擔。所謂『千提千軍萬馬，口表三教九流』正是形容皮影戲把式的能耐。後臺演奏者［樂隊］由『上手』『中手』『下手』『梆手』四人組成。他們每人都能演奏三四件樂器，出衆者甚至樣樣精通。樂隊不僅要操作各種管弦打擊樂器，還要在『幫腔』時『喊段兒』。

『把式』被民間譽稱爲『脚戶哥的腿，影子匠的嘴』。對於把式，人們要求他操作皮影熟練有序，刻畫人物惟妙惟肖，生動傳神，臨場發揮機智活潑，渲染氣氛幽默風趣。『把式』們個個技藝超群，個性風趣，飲酒之後，更是神采飛揚，機智幽默，唱念做打俱佳。他們在唱說忠孝節義，智勇仁德之際，不忘調侃譏諷此村中的人際冷暖和衆生百態，如某家兒子不孝，某男懶惰貪杯，某女吝嗇小氣……引來笑聲喝彩聲不斷，也起到了諷惡勸善的社會效能。

青海皮影戲是一種以板腔體爲主的地方戲。也就是板式源於同一腔調，由原板、慢板、快板等組成唱腔。唱腔豐富，曲牌動聽。主要曲調中，『陽腔』高亢明快，善於叙事；『陰腔』優柔委婉，長於抒情；還有《滚板》《頓時歸》《道情調》等三十餘支曲調，另有《點絳唇》《大擺隊》《東方朔》等整套嗩吶古曲牌四十餘支。

青海皮影戲的常見劇目約一百多本，多數以前輩藝人口授心傳的方式傳承延續。劇目以古典愛情和神話

中國江河流域自然與人文遺產影像檔案・三江源 | 人神共歡 | 陸 _ 高原之韵 | 攝影 _ 鄭雲峰 | 拍攝年代 _1982-2012

《花亭會》等。還有數本開台演出的祈神戲，如《天官賜福》《蟠桃會》《八仙過海》等。新中國成後，老藝人又新編了數本新戲，如《小二黑結婚》和《文成公主》等，也深受人們歡迎。

夜已深，終於曲終人散。村民們或說或笑或哼唱，或餘興未盡地嘆息，一個個走回家去。藝人們勞累天，倒頭酣睡，翌日他們還要跋涉數十里，去另一個村莊演出。

▼ 藏戲：草原上的『阿吉拉姆』

藏戲是藏族戲劇的泛稱，這是一個非常龐大的劇種。由於青藏高原各地自然條件，生活習俗，文化統，方言語音的不同，藏戲擁有衆多的藝術品種和流派。藏戲大約起源於六百多年以前，比國粹京劇早四百多年。

藏戲起源於衛藏地區，最初緣起於藏傳佛教的跳神儀式，後成爲獨立藝術形式，并通過來衛藏地區寺深造的僧侶和朝聖的群衆遠播青海、甘肅、四川、雲南四省的藏族栖居地區。從而形成青海的黃南藏戲甘肅的甘南藏戲，四川的色達藏戲等分支。藏戲種類繁多，但主流還是藍面具藏戲。其在流傳過程中地域不同而形成『覺木隆』『迥巴』『香巴』『江嘎爾』等四大流派。

藏戲的傳統劇目有『十三大本』之說，經常上演的是《文成公主》《諾桑法王》《朗薩雯蚌》《智美登》《卓瓦桑姆》《蘇吉尼瑪》《白瑪文巴》《頓月頓珠》，故又稱『八大藏戲』。此外，還有《日娃》《雲乘王子》《敬巴欽保》《德巴登巴》等經典劇目。藏戲的表演形式以歌唱及舞蹈爲主，角色旦淨末醜，演出服裝從頭至尾衹有一套，演員不化妝，主要是戴面具表演。

藏戲面具猶如京劇之中的臉譜，極盡概括和誇張，精緻奇美，意義深刻。善者爲純潔的白，國王爲威的紅；王妃爲柔順的綠，活佛爲吉祥的黃；巫女爲兩面三刀的半黑半白，妖魔爲壓抑和恐怖的青面獠村民老人的面具則用白布或黃布縫製，眼睛、嘴唇處挖一個窟窿，以示樸實敦厚。

藏戲藝人的唱腔和動作豐富多變，曲盡其妙。不同的人物用不同的唱腔來描述，不同的情緒有不同的蹈動作來表達；而不同的流派，不同的戲班則更是有各種風格的表演形式。

藏戲最初是廣場劇，生活氣息濃厚。其演出場所多爲廣場和打麥場，沒有舞臺布景，觀衆圍坐四周，員在場地中央表演。藏戲的表演過程分爲『頌』『雄』和『扎西』三段，近乎宗教儀式。『頌』爲開白，一般表演祭神歌舞，向神祈禱，向觀衆祝福，有時也會介紹一下正戲內容；『雄』就是正戲上演『扎西』是戲終時的祝福。

每年藏歷七月，豐收時節，便是藏戲演出的季節。一齣戲的演出時間并不確定，少則一天，多則六七讓我們以西藏高僧唐東杰布的傳奇故事追溯藏戲的淵源——

中國江河流域自然與人文遺產影像檔案·三江源 | 人神共歡 | 陸_高原之韵 | 攝影_鄭雲峰 | 拍攝年代_1982-2012

渡河。雅魯藏布江水深浪急，牛皮船多被吞沒，渡者大多尸骨無存。所以他許下宏願，發誓架橋，爲造福。

唐東杰布雲游四方募捐時，在山南瓊結，認識了能歌善舞的七位姑娘。也是機緣巧合，靈感所至：他白面具戲的基礎上，吸收佛經故事和民間傳說中帶有戲劇因素的內容編排表演節目，設計唱腔動作和鈸伴奏，指導七姐妹演出，從而組成了第一個藏戲班子。他們用歌舞說唱的形式，表演佛經和傳奇，勸人行善積德，出錢出力，共同修橋。他們的足迹遍布雪山草原，歌聲飄蕩在無數個寺院村落。

有人捐獻錢財，有人布施建築材料，有人饋贈糧食等物品，工匠不斷加入隊伍，越來越多的百姓跟隨們。公元一四三〇年，雅魯藏布江上的第一座鐵橋終於架起。經過不懈努力，五十八座鐵橋最終飛架魯藏布江之上。

隨着一座座鐵橋的修建，藏戲猶如格桑花一樣開遍了雪域高原。人們爲七位姑娘們俊俏的容貌和婀娜舞姿所傾倒；爲她們新奇優美的唱腔所折服；爲劇中的神話和傳奇所吸引，喜悅着、陶醉着。人們嘆：『莫不是「阿吉拉姆」下凡跳舞了罷！』這句驚喜之語不斷重復着，所以藏戲又被稱爲『阿吉姆』，意爲仙女姐妹。這既形容七位姑娘美若仙女，又表明藏戲內容多出自佛經與神話。

唐東杰布將發展了的白面具藏戲帶回家鄉主廟——迥·日吾齊寺，創建了迥·日吾齊戲班。他將白羊皮面具加以裝飾改爲藍面具，在白面具戲表演藝術的基礎上，結合本地各種歌舞和古老瑜伽、雜技等編演了佛經故事《智美更登》。從此，藍面具戲逐漸形成體系。

茫茫草原爲舞臺，雪山江河當背景，日月星辰作燈光；藝人們頭戴面具，席地而坐，一鼓一鈸，時而坐歌唱，時而起立舞蹈，一連三五日，演繹看天上故事，地上傳奇；觀衆團團圍坐，一邊吃喝，一邊劇看戲，隨心所欲，輕鬆快樂。如此情景，讓人不禁疑惑——他們是在真實的生活中欣賞神話和傳奇還是在神話和傳奇之中真實地生活着？

人美、妝美、歌美、舞美、情景美、語言美、故事美……藏戲這朵高原藝術的奇葩，穿越滄桑的歷史仍然生機勃勃。它受到人們越來越多的熱愛和精心護育，因而愈加嬌艷美麗，在戲劇的百花園中卓然放，芬芳永存。

▼《格薩爾王》：英雄的史詩

《格薩爾王》，是一部藏族人民偉大的英雄史詩，是研究古代藏族社會歷史的『百科全書』，被譽爲方的《伊利亞特》』。

《格薩爾王》，無論長度規模，歷史發展，還是內容故事、人物形象；無論語言修辭、氣勢風格，還藝術魅力、精神內涵，都堪稱是個傳奇。

中國江河流域自然與人文遺產影像檔案·三江源 | 人神共歡 | 陸_高原之韵 | 攝影_鄭雲峰 | 拍攝年代_1982–2012

族心中的崇高地位，它在藏區流傳的深度和廣度，以及它流傳千年并不斷得到完善的真正原因。迄今止，它有二百多部〔另有數量衆多各具特色的譯本〕，數十萬行詩，兩千多萬字，總字數超過世界五史詩的總和，且還在不斷增長。它是『活的』史詩，通過雪域高原民衆，特別是無數民間說唱藝人的口相傳，不斷生長着、變化着、流傳着，就像三江源頭雪山融化的水流，從涓涓細流匯成浩蕩河流，涌向前，永無止境。

《格薩爾王》是民間口頭文學與文人書面文學互相影響，互相豐富的產物。史詩最初的故事有一部分自格薩爾原型人物在世的年代〔約公元十一世紀〕。那時，這部史詩就已經以集體創作和口頭說唱的式在民間流傳了。英雄逝世之後，人們要記錄其生平，便用民間已有的頌詞和傳說豐富傳記，從而形史詩的雛形。藏文本《安定三界》中記載：格薩爾歸天前，把政務交給了侄子扎拉澤杰，將宗教事務托給了却博伯喇嘛〔也是有名的詩人〕，并講述了自己一生的傳奇經歷。他逝世後，百姓們請却博伯格薩爾的事迹詳盡無遺地記錄下來，并作出吉祥的結語。却博伯完成了這項艱巨的工作，然後把寫成傳記唱給百姓，并要求他們用自己的說詞來充實他所記述的不足和遺漏。於是之後的千年之間，史詩到不斷完善發展，終成一部傳世巨著。

漫漫歲月流逝，《格薩爾王》的故事衝破時空界限，還廣泛流傳於蒙古、土、撒拉、納西、白、裕固朝鮮等族人民之中；它還遠播到尼泊爾、不丹、印度、俄羅斯、蒙古等國家，爲人們不斷豐富、加工再創作，產生了無數不同的版本。

《格薩爾王》這部史詩代表着藏族說唱藝術的最高成就，熔鑄了藏族古老神話、傳說、故事、詩歌等學形式的長處，幾乎包含了藏族語言的全部精華。它以廣闊的背景，恢宏的氣勢，高度的藝術技巧，映了藏民族發展的重大歷史階段及其社會的基本結構形態；記錄了紛繁的民族關係及藏民族逐步走向一的歷史過程。它縱橫跨越了整個藏族的文明史；高度概括了吐蕃時期社會由氏族制到奴隸制，由奴制到封建制所經歷的大動蕩、大混亂、大分裂、大變革和大統一的歷史面貌。它所描述的王朝、國家部落、部族，都是歷史上存在過的政治實體；它所講述過的一系列戰爭，絕大多數都是曾實際發生過歷史事件。

《格薩爾王》的故事梗概如下：大地上妖魔鬼怪横行，百姓飽受欺凌，觀世音菩薩心生憐愍，便請天大梵天王派遣神子下凡拯救人間苦難。經過競技比賽的選拔，下凡除魔的使命落到了大梵天王的小子——覺如身上。他向父王索要了盔甲、弓箭、戰馬、鞍具、帳篷，并且經過卜卦，預言了下凡降的地點，投胎的母親，燒茶做飯的妻子等等。在蓮花生大師的教導和幫助下，他立下抑强扶弱，拯救靈的誓言，之後，他在天界死去，投胎人間。

覺如投胎之地是南瞻部洲①的藏地中心——花花嶺國，這裏平坦寬闊，草原如海，萬花斑斕。他的親是部落首領之子僧隆，母親是噶薩拉姆。噶薩拉姆懷孕之後，因爲僧隆其他妃子的嫉妒和僧隆弟弟同的仇恨，被趕出嶺地。之後，神子覺如在荒蕪之地——黄河川出生。但是，晁同繼續迫害這對母將他們驅趕到更爲荒僻之地。覺如十二歲時，花花嶺國舉行賽馬盛會，王位、巨富嘉洛的家產和他若天仙的女兒——珠姆成爲賽馬會的彩注。覺如回歸故國，衝破重重阻力，艱難奪魁，登上王位并了珠姆爲妻。其實，珠姆是白度母②的化身，菩薩示現人間，正是爲了幫助格薩爾〔覺如〕成就大業

中國江河流域自然與人文遺產影像檔案·三江源 | 人神共歡 | 陸 _ 高原之韵 | 攝影 _ 鄭雲峰 | 拍攝年代 _1982–2012

業。功德圓滿之後，他與母親和珠姆返回了天界。

《格薩爾王》詩篇中的人物個性鮮明，栩栩如生，具有強大的生命力，魅力永駐高原民族心中。

青藏高原上，《格薩爾王》無處不在，但凡有這個英雄故事流傳的地方，就有說唱藝人們的身影。他們被稱爲『仲哇』或『仲堪』，意爲故事家或者精通故事的人。藏北草原，橫斷山脉，三江源頭，喜馬拉雅山麓……地區不同，傳承各异，說唱形式各具特色。因此，說唱藝人可以分爲聞知藝人等數種不同類型。

聞知藝人，他們占到藝人總數的六成以上，是靠耳聽心記而學會說唱的藝人。他們一般衹會說唱兩到三部《格薩爾王》中的故事，最多不過四五部，而且都是百姓耳熟能詳的作品，如《英雄誕生》《賽馬稱王》《霍嶺大戰》等。他們大都認爲自己福薄緣淺，沒有得到神的眷顧和啓示，衹能學唱。聞知藝人是說唱藝人的基礎部分，如同大樹的枝幹，在《格薩爾王》說唱藝術的普及過程中，功不可沒。

掘藏藝人，他們纔是能够挖掘《格薩爾王》寶藏的藝人，如同礦工從深山中挖掘礦藏。掘藏藝人大都是信奉寧瑪派的宗教人士，分爲『物藏』和『貢德』兩種。物藏，即把吐蕃時期或前人珍藏的史詩原本發掘編寫出來成爲抄本的人；貢德，是把人們記憶中深藏的《格薩爾王》故事傳奇挖掘出來，再用文字整理成史詩抄本的人。據說由於『前世』的緣分，一些人心中深藏着神佛傳授的經典，一旦得到上師的『加持』[3]，智慧之門便會開啓，英雄的故事能源源不斷地挖掘而出，書寫成文。青海果洛藏族自治州的藝人格日尖參，據說是此類藝人的典型代表。

格日尖參出身淒苦，幼年不幸，少年時入寺爲僧，十八歲結婚成家，而後四方朝聖。他曾轉山朝拜神山阿尼瑪卿，朝山回家後，他感到巨大的創作欲望在心中燃燒。在妻子的鼓勵之下，他在很短的時間裏寫下了三十餘萬字的《格薩爾王傳——敦氏預言授記》。而後，他又陸陸續續寫出二十部《格薩爾王》分部本。他自報能寫一百二十部史詩，并詳細列出了目錄。他的奇异經歷使所有人驚嘆不已，因爲他書寫之前，無論在家鄉還是寺院，從未著述過一篇文章，甚至連一封像樣的信件都不曾寫過。

吟誦藝人，他們不能離開文本，否則便不能說唱；他們嗓音洪亮，說唱時抑揚頓挫，節奏鮮明；他們經常在電視和廣播上說唱《格薩爾王》的故事。因爲照本宣科，所以在吟誦藝曲調上很下功夫，能不斷變換和豐富曲調。

巴仲藝人，『巴』在藏語中爲降落、産生之意，『巴仲』是指通過做夢學會說唱《格薩爾王》的故事因此，巴仲藝人又稱爲『托夢藝人』。這類藝人大多說自己在青少年時期做過一兩次神奇的夢，有的甚至連續數日酣睡不醒，奇夢連連。據說，在夢中，關於史詩的內容能够自然而來。有的藝人據說在睡夢之中還能親身經歷格薩爾本人的光輝歲月。夢醒之後，藝人便如同脫胎換骨一般神采飛揚，才思敏捷心中無數格薩爾的故事激烈衝撞，想要破口而出。藝人一旦開口講述，便如江河之水，滔滔不絕，數天數月、數年，甚至一輩子都說唱不盡。

一個個關於巴仲藝人無師自通的傳奇故事，令人神往。

中國江河流域自然與人文遺產影像檔案·三江源 | 人神共歡 | 陸 _ 高原之韵 | 攝影 _ 鄭雲峰 | 拍攝年代 _1982-2012

才讓旺堆［青海海西州］、達哇扎巴和才讓索南［青海玉樹州］等。

神奇壯美的雪域高原孕育了神奇壯美的《格薩爾王》；偉大的藏族人民創造了偉大的《格薩爾王》雪山永遠挺立，江河永遠流淌，藏族人民永遠在廣袤的草原上生活。因而，《格薩爾王》——這部英雄的史詩，也將世世代代流傳下去，直到永遠。

＊①南瞻部洲，舊譯作『南閻浮提』，意譯『穢樹』『勝金』等，四大部洲之一。『閻浮』即『瞻部』，樹名，『提』意爲『洲』，此洲盛產瞻部樹，位於須彌山南面鹹海裏，故名。

＊②度母，『聖救度母』的略稱，亦稱『救度母』。漢文經典多稱爲『多羅菩薩』。度母是觀世音菩薩爲救度人間衆生的多災難而示現的化身。經中說修持者能消災增福，益壽開慧，有求必應，命終往生極樂世界。度母是藏傳佛教信徒最崇奉菩薩之一。其法相中最常見的是白度母和綠度母。藏族一般認爲公元七世紀時藏王松贊干布的漢妃文成公主是白度母的化身，尼泊爾妃是綠度母的化身。

大通縣皮影歷史悠久。據《大通縣志》載，約在明崇禎十七年（1644 年），皮影戲就已經傳入大通，至今不衰，備受民眾喜愛。

皮影戲演出的後臺，是一個小型的樂隊，各式樂器齊備。當然，有些皮影藝人可以身兼數職，每個樂隊成員都能演奏三四種樂器。

果洛州甘德縣的馬背藏戲《賽馬稱王》，這是藏戲中最著名的劇目之一。

馬背藏戲是一種在馬背上表演的獨特藝術形式，所有情節均在露天草原上完成，帶有濃鬱的藏族生活氣息。

黃南藏戲作爲安多藏戲的組成部分，是在西藏藏戲的影響之下，融匯安多地區藏族文化的基礎上發展起來的。與西藏藏戲相比，安多藏戲的道白速度相對較慢。

尾·聲

在三江源頭，在離天最近的地方，人與『神』相偎相依，時而獨立時而交融，但最終形影不離，相依爲命。這是一種愜意而神奇的生活，令人血脉賁張，激情澎湃。高大陸上的栖居者因此獲得了別樣的生命色彩。那些高峻的大山，廣闊的草原，仿佛就是爲他

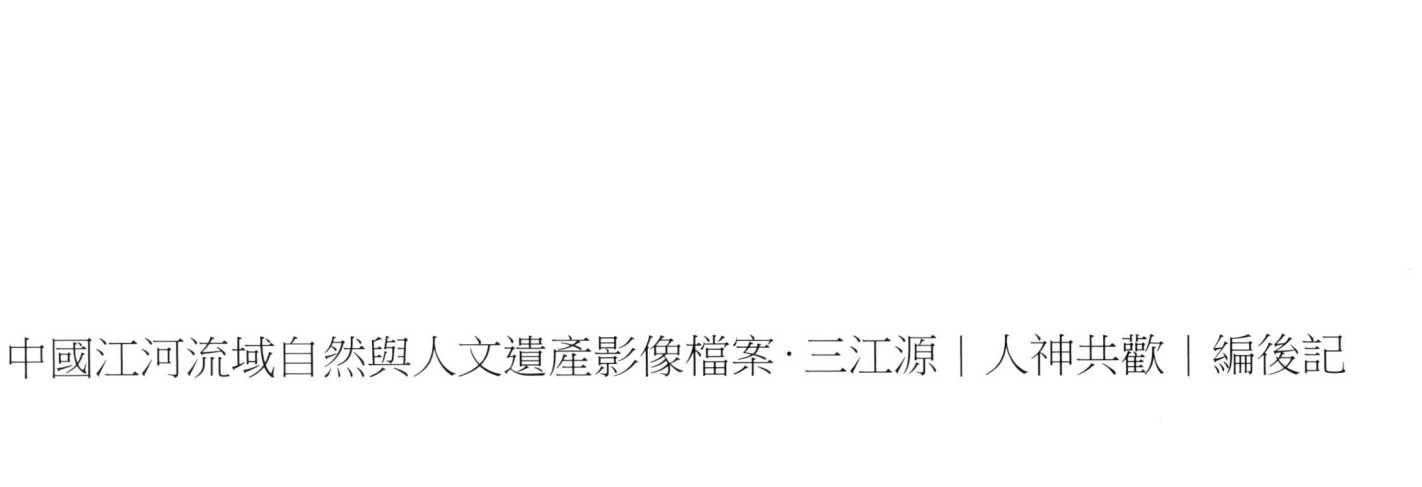

編·後·記

本書編委會

爲三江源地區編寫圖像志，傳神寫照，然後自源頭而下，以點帶綫，以綫帶面地沿着中華民族的母親河——長江、黃河和瀾滄江書寫我們民族自己的圖像志，這個想法萌生於一九八二年，正式編纂工作則始於二〇一〇年。

經過三年多的撰寫、選圖、編輯工作，二〇一三年底，《中國江河流域自然與人文遺產影像檔案·三江源》這十本充滿體量感的大書終於呈現於讀者諸君面前。此前則是攝影家鄭雲峰先生長達三十一年撇家捨業，篳路藍縷，餐風茹雪的艱苦歷程。他滿頭的青絲，如今已蒼蒼如雪，未曾改變的唯有不已的壯心和腳下漫漫的長路。

如今，我們從雲峰先生海量的圖片庫裏，分門別類，擇其菁華，結集出版，名曰『影像檔案』，一定程度上實現了前述目的，也實現了雲峰先生的夙願，編者尤感欣慰！

譬如藝術家，每個人都有自己的絕活，技藝、風采面面不同，這十本書就是十個藝術家，在這紙質的舞臺上，給讀者諸君奉獻了十齣精彩的節目。

我們將這個書系定名爲『中國江河流域自然與人文遺產影像檔案』是有所考慮的。

江河湖海不但是生命之源，還是文化之源。正如馮驥才先生「中國文學藝術界聯合會副主席」在序言中所說：『人類的源頭在江河的源頭裏；人類的歷史在江河的流淌中。一旦人類離開了這些江河就必然消亡，所以人們稱這些最本源的河流爲——母親河。』既然如此，母親河的流域必然是民族文化的淵藪，奔騰不息的母親河不但供給生活於這片流域的人們得以生存的水源，還日復一日地塑造着他們的性格和襟懷，完善着他們的精神世界。這個榮耀的名單裏有歐洲的伏爾加河和多瑙河，非洲的尼羅河和剛果河，美洲的密西西比河和亞馬遜河，亞洲的幼發拉底河、底格里斯河、印度河和恒河，當然，還有我們中華民族的黃河、長江和瀾滄江「湄公河」。

之所以稱『自然與人文遺產』，乃是因爲本書輯錄的圖片，所反映的內容大都已經時過境遷，產生了變化，有的甚至已經不存在了，無論是自然景觀，還是民俗文化，都產生了這樣的結果。比如江源人民的服飾「見《高原彩虹》卷」，像狐皮帽、水獺皮氆氌、豹皮邊飾……進入二十一世紀，慢慢不存在了，因爲人們的環保意識不斷提高，也因爲野生動物的數量在逐年減少。再比如該卷中多民族的服飾，現在也發生了不同程度的變化，傳統服飾逐漸爲時尚的現代服飾所替代。還有江源民族的栖居方式「見《詩意栖居》卷」，原先游牧的生活已經改變了，他們住進了磚瓦房，用上了各種各樣的現代化電器，放牧也騎上了摩托車，開上了卡車。更不必說《山宗水源》《錦綉極地》中的影像，幾乎可以說是夢、幻泡、影，消蝕的雪山、退縮的冰川、乾涸的海子、風化的岩石、大片的沙丘，還有那退化的草甸

留下這十本大書，將這些變化記錄在册，就像歷史學家秉筆直書一樣。創作者對於三江源所發生的種變化，是作爲親歷者進行觀察，并將之記錄下來，最終彙集成視覺的資料集，以資專家和研究者們發闡幽，管中窺豹，將來以更爲準確的文字將圖片記載的内容，隱含的寓意闡發出來，抑或藝術家、文家們在欣賞這些圖片時，觸發靈感，創作出優秀的作品。這就是『檔案』的含義所在了。

關於宗教藝術，本書在擷選圖片并撰寫圖片注釋時，也有一些考慮。很多的優秀宗教藝術品，如唐卡其製作年代和作者已多不可考，我們僅能從畫面内容上辨識出些許蛛絲馬迹，撰寫圖片注釋時，頗感難，亦不能不留有『餘地』。此外，在學界研究存在争議的問題上，本書也留有一定餘地。如關於滄江源頭的描述［《錦綉極地》卷］，序言作者［鄭度院士］的觀點與正文作者并不一致，本書未作一處理。再如一些古代墓葬存在歸屬争議，本書亦避免鑿鑿予論。此類問題還有一些，篇幅所限，不贅述，尚乞讀者諸君諒解。

總體而言，本書的文字是引導式的，記錄式的，這也是葛劍雄先生在主持本書編委會期間一再强的——文字可以仁者見仁，智者見智，但决不可畫蛇添足。

本書采用中文繁體字，亦有所考慮。三江源是中華民族的母親河之源，文化之源，這筆財富不僅屬於住在祖國土地上的人們，還屬於廣大的海外華人華僑。以繁體字的形式出版，正是爲了一個目的，那是讓全世界的中華民族兒女，都能够從這個書系中認識三江源，引發他們熱愛三江源，珍視三江源，傳三江源，保護三江源，爲我們民族有這樣偉大的土地而深深自豪的情感。

本書嚴格遵照國家語言文字規範，摒棄了『並』『佈』『為』『遊』『夠』『裡』『卻』『淚』『線』『煙『疊』『佇』『傑』『異』『潛』等近一百個异體字，但保留了部分舊字形，如『差』『起』『別』『冷『搖』『吳』『黃』『角』『過』『雪』『花』『錄』『呂』『溫』等，如前文所述，這是出於在海外推廣傳播的目的，由於本書題材和篇幅的關係，這裏就不將之整理成表，一一列出了。

爲了便於讀者閱讀，編者謹慎地加了注解。關於地名，編者參考了中國地圖出版社出版的《新編中國圖册》；一般性詞語和古漢語解釋，編者參考了商務印書館出版的《現代漢語詞典》和《古代漢語詞典》佛教術語，編者參考了鳳凰出版社出版的《佛教大辭典》；關於歷史資料，編者則參考了漢語大詞典出版社出版的《二十四史全譯》及九州圖書出版社出版的《二十六史大辭典》。

比起鄭雲峰先生海量的三江源圖庫，本書輯錄的不過是九牛一毛，即便如此，亦居然有十卷之巨。爬梳剔抉，精華中選出精華，固知成一書之難了。十卷之中，兩卷爲自然遺產，八卷爲人文遺產，這也符合我們『以人爲本』，從人類文化的視角審視宇宙人生的原則，正如古聖先賢老子所説：『故道大，天大，地大，人亦大。域中有四大，而人居其一焉。人法地，地法天，天法道，道法自然』。本書起於《山水源——中國三江源地區自然地質風貌》，終於《頂禮大地——中國三江源地區宗教活動》，這正是强調了大地對於人類文明的重要性，人類文明的未來，正是要依靠脚下的大地，愛惜它，保護它，我們纔有前途。

本書在編輯過程中幸得馮驥才先生在百忙之中創作了精彩的序言，他從『視覺人類學』的角度，提出了『影像檔案』的概念，爲我們的編輯思路指明了大的方嚮

葛劍雄先生［復旦大學圖書館館長］從河流『倫理』的角度，强調了三江源作爲中華民族至高無上的『精神母親』的意義所在。王魯湘先生［鳳凰衛視高級策劃］對本書提出了專業性、科普性、文學性和藝術性的『四性』要求，對本書系的編輯風格大有裨益。鄭度先生［中國科學院院士］，霍巍先生［四川大學博物館館長］，林少華先生［中國海洋大學外國語學院教授］，羅桑開珠先生［中央民族大學藏學研究院教授］，喬曉光先生［中央美術學院非物質文化遺産研究中心主任］，石碩先生［四川大學歷史系教授］，于青女士［人民出版社副總編輯］等學者和作家爲本書創作了精彩的序言；石碩先生，馬有福先生［青海省伊斯蘭協會常委］，馬光星先生［青海省民間文藝家協會副主席］，龍仁青先生［青海省《格薩爾》工作委員會委員］、樊穎女士［青海廣播電視臺高級編輯］對本書進行了通讀，在歷史、地理、民族、宗教等問題上給予了把關，提出了專業性意見和建議；白漁先生［青海省作協名譽主席］以杖朝之年，勞碌奔波，組織青海省優秀的作家隊伍撰寫文字底稿，并親自潤色；作家鄭立山先生、設計師子先生在本書的編輯、改寫和裝幀設計工作之中傾注了大量心血；北京雅昌彩色印刷公司的專業服務是本書得以保持較高水平印裝質量的牢靠保障……還有許多爲本書出版提供過幫助的人和機構，在此并致謝！

最應該感謝的是雲峰先生，如果不是他三十一年的辛苦付出，我們無法看到母親河源頭沉甸甸的歷史影像，更無由感知三江源跨越三十一年的美麗與憂傷。藉此影像檔案將付梨棗之際，我們向『當代徐霞客鄭雲峰先生致敬！

行文至此，編者非常忐忑，深恐蒹葭倚玉樹之譏。但爲了讓讀者諸君對編纂這十本大書的緣起和原則有所瞭解，只好不揣淺陋，呈文於諸君之前，以爲引玉之磚，懇請諸君針砭斧正。

山曰水曰筆授　二〇一三年五月二十一日深夜

中國當代人文地理攝影家，1941 年生於安徽蕭縣。

英國皇家攝影協會高級會士，中國攝影家協會會員，原江蘇省攝影家協會副主席。

○

從上世纪 80 年代始，鄭雲峰就致力於長江、黄河和瀾滄江等大江大河的記錄性攝影工作

拍攝了這些江河流域内的自然地理、生命狀態、歷史遺存、

宗教信仰、民俗傳承等内容的珍貴圖片 20 多萬幀。

○

1997 年 2 月，鄭雲峰趕在長江三峽工程蓄水之前，搶救性拍攝記錄了三峽地區自然和人文的

他打造了一隻小木船，過上了“日飲長江水，夜宿峽江畔”的生活；

他花了七年半時間拍攝了 5 萬多幀圖片，爲國家和民族留下了不可再得的珍貴歷史影像

○

出版有《永遠的三峽》《守望三峽》《唐蕃古道》等著作 11 部；

在中國大陸、香港、臺灣等地區以及歐美數十個國家和地區舉辦了

“永遠的三峽”“擁抱母親河”“母親河的呼喚”等大型影展。

○

近年來先後獲得“中華文化人物奬”“中國攝影五十年突出貢獻攝影家”

“中國國家圖書奬”“中國民間文化守望者奬”“中國攝影傳媒人物大奬”“中國當代徐霞

“文明中國 · 杰出攝影家奬”等國家榮譽。

＊ 白漁 ＊

原名周問漁，四川富順人；
1958 年大專畢業後到青海省工作，2008 年退休。
當過技術員、編輯，现爲專業作家。
歷任青海省作協秘書長、副主席、榮譽主席及省政協常委等職務。
1955 年開始文學創作，1979 年加入中國作家協會。

○

在人民文學出版社、中國青年出版社、中國文聯出版社、作家出版社等 10 餘家出版社
出版了《白漁詩選》《黃河源抒情詩》《江河的起點》《歷史的眼睛》
《黃南秘境》《唐蕃古道》《白漁文存》等詩文集 30 部。

○

素有“黃河源詩人”之譽，曾不斷深入三江源區采風。
上世紀 80 年代率先創作大批系統反映母親河河源的作品，在中國文壇具有開拓性意義。
佳作入選《中國新文藝大系》《與史同在》《世界抒情詩 100 首》
《古今中外散文詩鑒賞辭典》等 100 多種大型選集。
穫國家及省部級獎項 10 餘項；
穫“青海省優秀專家”“國家突出貢獻專家”等榮譽稱號。

＊宋長玥＊

青海省人。曾在《詩刊》《星星詩刊》《詩歌月刊》《散文詩》
等全國 50 多家報刊發表詩歌、散文近千首，作品入選國內 10 多部重要詩集。
出版詩集《一個男人的青海》《玉門九零詩選》《前世的情歌》《西大荒》4 部；
穫 10 多項省級以上文學獎勵和榮譽。

＊劉士忠＊

青海省西寧市人，行伍 17 年後弃劍從文。從文 10 年，主要寫詩，也寫散文和小說。
作品散見於全國各報刊。曾爲魯迅文學院第七期青年作家班學員。

＊樊穎＊

上世紀 70 年代生，青海省廣播電視臺高級編輯。
生長於青海高原，10 餘年的媒體工作，不斷在電波無限寬廣的世界裏歷練、感悟。
所創作的多部作品曾榮穫中國新聞獎，中國廣播影視大獎，
青海省新聞一等獎等榮譽。

總顧問：馮驥才
總策劃：鄭雲峰
出版人：孟鳴飛

《中國江河流域自然與人文遺產影像檔案·三江源》

編委會 <按姓氏拼音排序>
白漁｜馮驥才｜高繼民｜葛劍雄｜霍巍｜吉狄馬加｜賈慶鵬｜林少華｜劉詠｜羅桑開珠｜孟鳴飛｜喬曉光
申堯｜石碩｜王川平｜王魯湘｜于青｜鄭度｜鄭立山｜鄭雲峰

顧問：冯驥才
主任委員：孟鳴飛｜鄭雲峰
副主任委員：高繼民｜賈慶鵬｜劉詠｜申堯

主編：白漁｜鄭雲峰

文字撰稿 <按姓氏拼音排序>
白漁｜樊穎｜葛建中｜河平｜劉士忠｜龍仁青｜馬光星｜梅卓｜宋長玥｜唐涓

監修專家：石碩
印務總監：李明澤｜錢麗娜
印務監理：楊建華
圖像處理：蔣賢龍
數字影像檔案館策劃、顧問：解天雪
數字化技術支持：青島出版社數字動漫出版中心
海外版權合作總監：李棟
營銷總監：蔡曉林

鳴謝單位

*

中華人民共和國國家新聞出版廣電總局
中華人民共和國國家文物局
中華文化促進會
中共山東省委宣傳部
中共青海省委宣傳部
江蘇省文學藝術界聯合會
江蘇省中華文化促進會
江蘇省攝影家協會
青海省攝影家協會
北京雅昌彩色印刷有限公司
雅昌藝術網

特別鳴謝單位

*

中共江蘇省委宣傳部
中國攝影家協會
中共青島市委、青島市政府
中共徐州市委宣傳部
徐州市文學藝術界聯合會

鳴謝個人
<按姓氏拼音排序>

*

班果｜蔡徵｜鄧本太｜高以儉｜李曉南｜梁勇
龍仁青｜婁曉琪｜馬有福｜譚躍｜徐毅英｜周賢安

版編目（CIP）數據

歡：中國三江源地區民俗文化 / 白漁，鄭雲峰主編 .
島：青島出版社，2013.10
河流域自然與人文遺產影像檔案 . 第壹部，三江源）
3-7-5436-9619-8

· Ⅱ. ①白… Ⅲ. ①風俗習慣－青海省－圖集 Ⅳ. ① K892.444-64

本圖書館 CIP 數據核字（2013）第 181201 號

人神共歡 —— 中國三江源地區民俗文化
中國江河流域自然與人文遺產影像檔案 · 三江源）
孟鳴飛
白漁｜鄭雲峰
鄭雲峰
文：宋長玥｜劉士忠｜樊穎
人
徐小健｜高萍
行：青島出版社
青島市海爾路 182 號（266061）
址：http://www.qdpub.com
話：13335059110 0532-68068816（傳真） 0532-68068809
輯：申堯（shenyao@126.com）
輯：王林軍｜立山
影：馬有福｜龍仁青｜賀中原｜循川
注：長河
計：橙子
刷：北京雅昌彩色印刷有限公司
間：2013 年 10 月第 1 版　2013 年 10 月第 1 次印刷
開（635mm×965mm）

0 千
5 幅
BN 978-7-5436-9619-8
00.00 圓

及盜版監督服務電話：4006532017 0532-68068670